KB266513

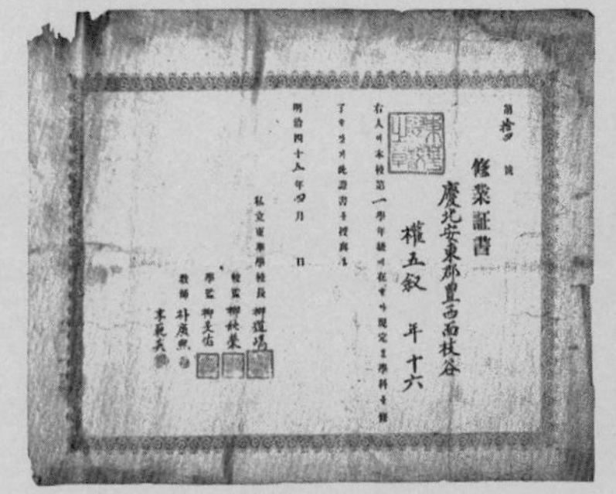

권오설의 동화학교 수업증서(1912) 및 졸업증서(1914)

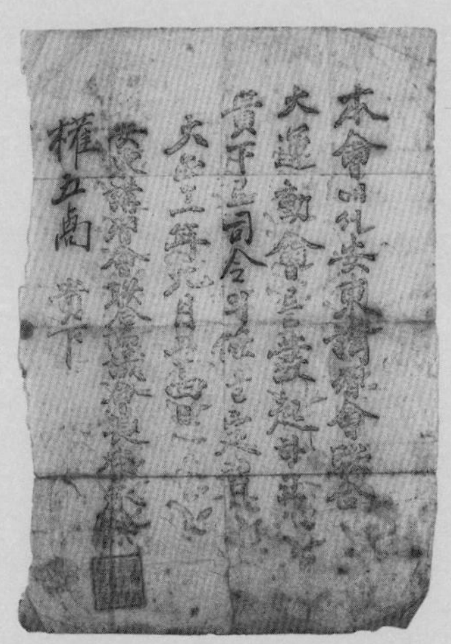

권오설 임명장(1914). 안동강습회연합협회회장이 권오설을
대운동회 사령에 임명한다는 내용이다.

3·1운동을 계기로 발표된 선언문의 하나인 삼일신고

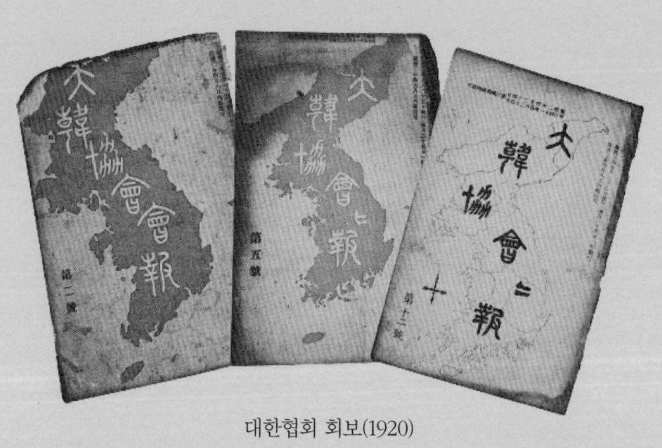

대한협회 회보(1920)

조선노동공제회에서 발행한
잡지 『공제』 제2호

권오설 동방문화대학 강습 신청서(연도 미상)

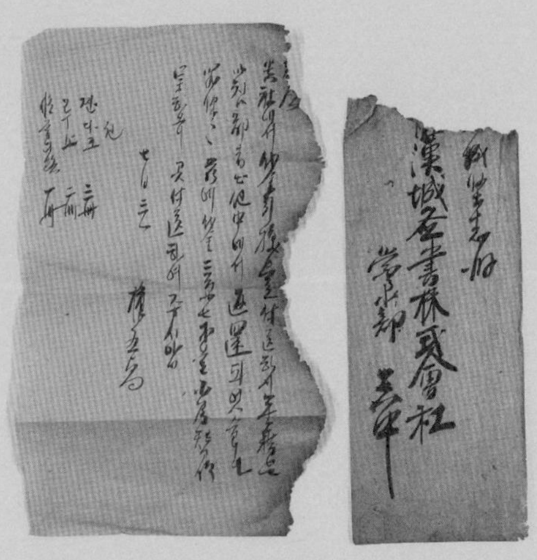

권오설이 한성객서주식회사 학업무에 『잔다르크』 3권,
『루소』 2권 등을 주문한 편지

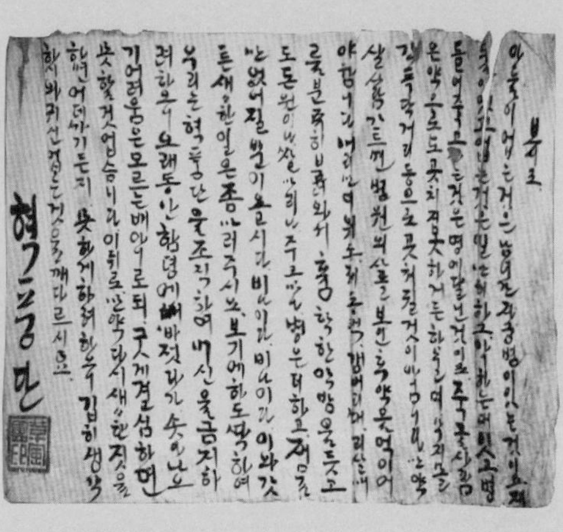

미신타파운동을 주도한 혁풍단의 전단(1920년대)

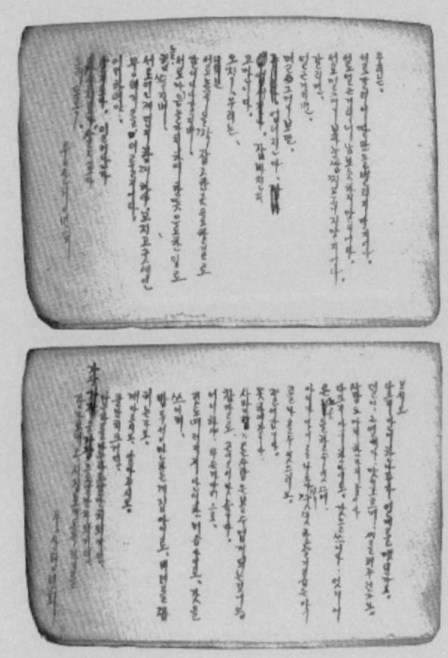

권오설이 작성한 풍산강습회 연설문 초안

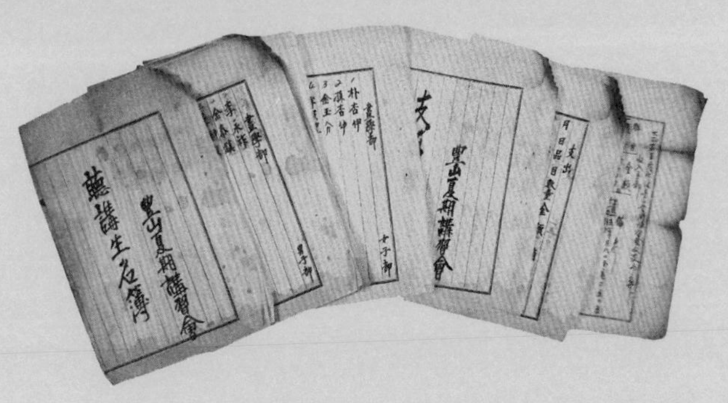

풍산강습회 학생 명부(1923)

서대문형무소 수형기록부에 남은 권오설의 사진.
혹독한 고문과 구타의 후유증이 남아 있다.

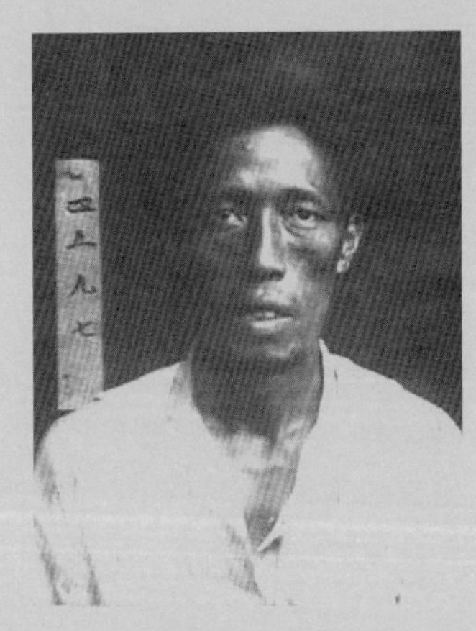

혹독한 고문과 구타로 넋이 나간 듯 처참한 몰골의
권오상(족보의 이름은 권오돈)

순종의 장례 행렬(1926. 6. 10.)

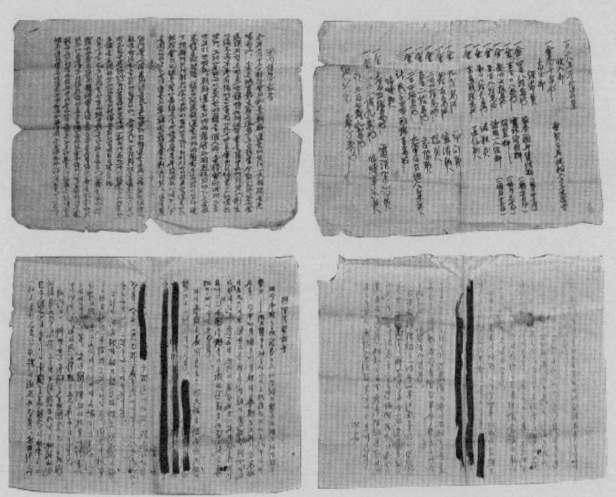

신간회 국내외 정세보고서(1927)

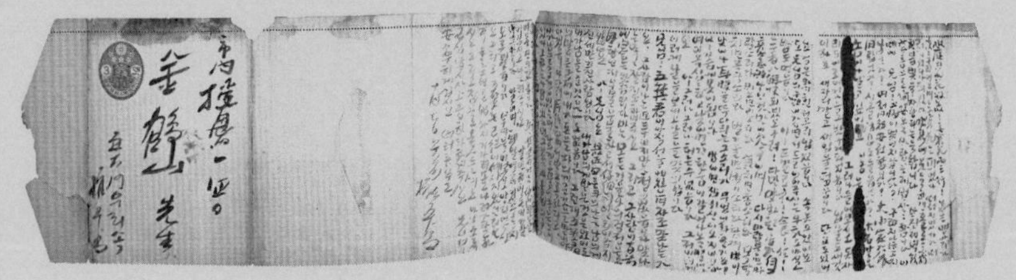

고향의 동지 김남수에게 보내는 편지(1928)

서대문형무소에서 권오설이 아버지에게 보내는 편지(1928. 12.)

권오설이 동생 권오기에게 보내는 옥중 서신(1929)

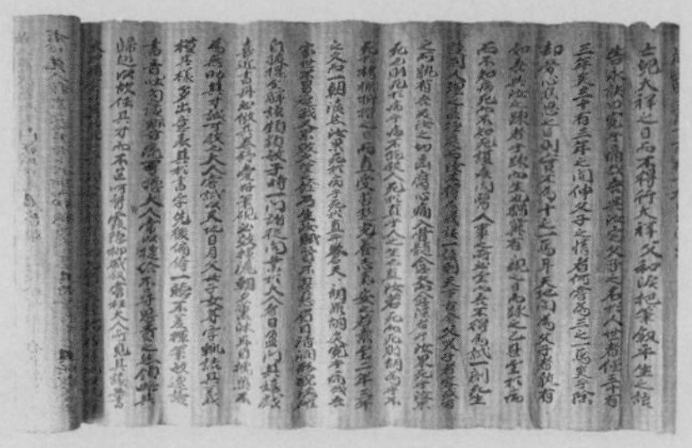

권술조가 쓴 아들 권오설의 제문 일부.
원본은 4미터 5천여 자로 된 명문장이다.

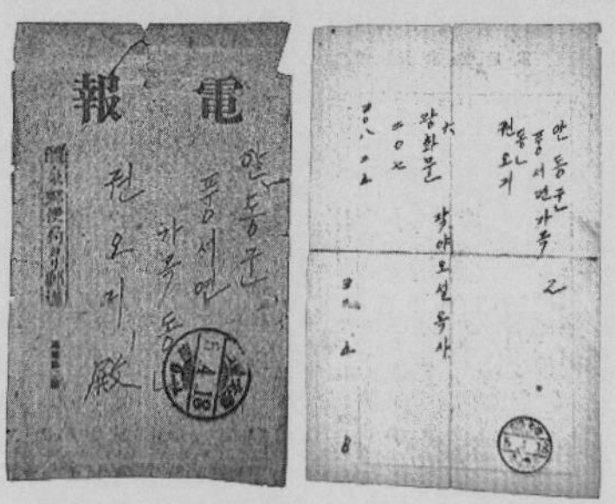

권오설의 옥사를 알리는 전보. 동생 권오기 앞으로 왔다.

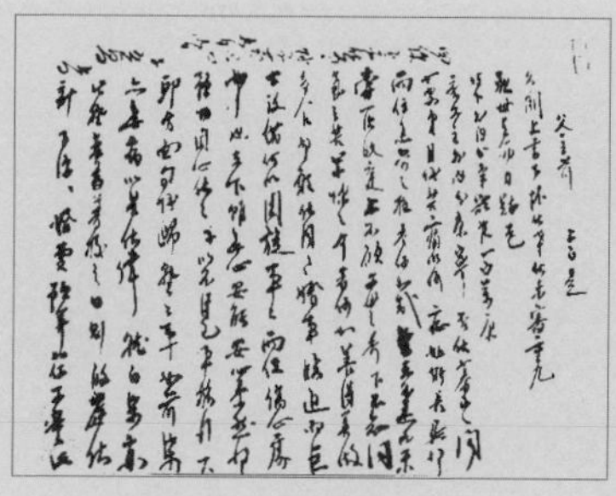

권오설이 아버지에게 보낸 편지

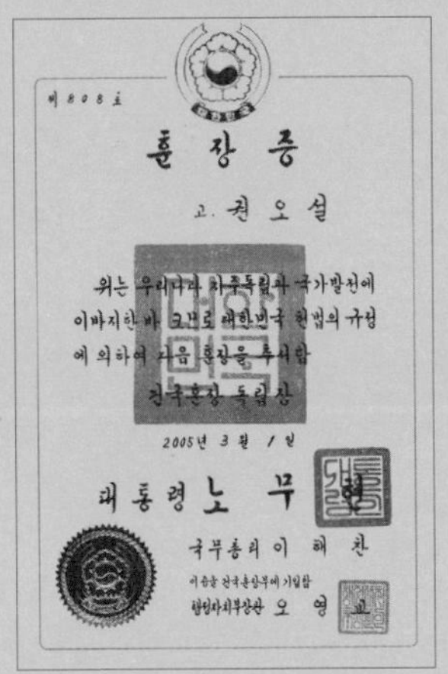

권오설의 건국훈장 독립장(2005. 3. 1.)

부인과의 합장을 위해 파묘한 권오설의 철관(2008. 4.)

권오설의 어머니와 동생 권오기(앞줄 안경 쓴 인물)

11년간 옥살이를 하면서도 항일 의지를 꺾지 않았던
권오설의 막내동생, 권오직

형무소 수형카드 사진을 바탕으로 화가가 복원해 낸 권오설

국가보훈부에서 AI 기술로 복원한
권오상의 모습

국가보훈부에서 AI 기술로 복원한
권오설의 모습

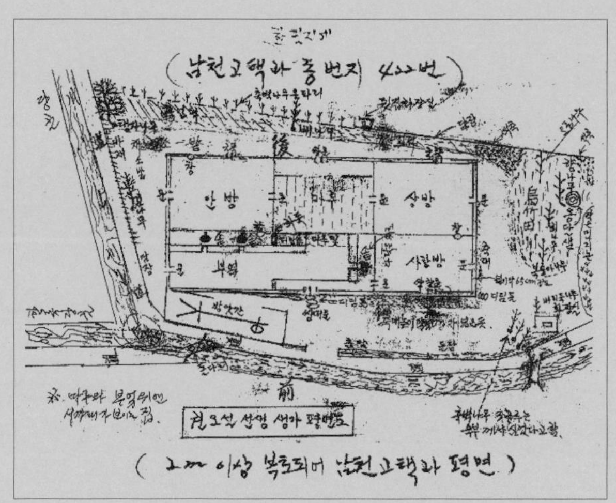

권오설 생가 평면도(권대용 그림)

권오설 생가터. 남천고택의 한쪽에 있는 초가였는데 지금은 밭이 되었다.

경북 안동 가일마을(2015. 9. 27. 권오설권오상기념사업회 제공)

후손들에 의해 재단장된 권오설의 묘

권오설의 항일운동 행적을 찾아내는 데
결정적인 역할을 한 아들 권대용

권오설 평전

권오설 평전

안재성 지음

인문서원

두려움을 떨치고 일어나 빛을 밝히다

어둠이 내려야 별들이 빛나듯, 암흑의 시절이 되어야 사람다운 사람이 빛을 발산한다. 대다수 한국인들이 가슴 속에 울분을 감춘 채 억압에 길들여 살아야 했던 식민지시대, 두려움을 떨치고 일어나 목숨 던져 싸운 항일투사들이 그들이다.

대표적인 인물 중 하나가 권오설 선생이다. 1919년 3·1만세운동에 앞장서 옥살이를 시작한 이래 1930년 옥중에서 고문후유증으로 절명하기까지 12년간, 주요 항일단체 지도부 명단에서 빠진 적이 없던 탁월한 조직가요, 일본 경찰도 두려워한 맹렬 투사였다.

선생은 일본 식민 치하 최대 규모의 대중조직인 안동의 풍산소작인회를 만든 조직가이자 당대의 수재들이 모여 만든 지하조직인 조선공산당의 창당 주역 중 한 명이었다. 조선공산당 1차 집행부가 일제 경찰의 탄압으로 무너지자 2차 집행부의 중앙집행위원이자 당의 행동부대격인 고려공산청년동맹의 책임비서로서 1926년 6월 10일의 만세운동을 주도했다.

끝내 체포되어 극심한 고문후유증으로 1930년 4월 17일 사망한 권오설 선생의 가치를 누구보다도 잘 알고 있던 건 일본 경찰이었다. 그들은 선생이 옥중에서 사망하자 목관에 함석을 둘러 납땜으로 밀봉한 채 매장하도록 했다. 매장지에도 경찰이 진을 치고 문상객을 막았으며 봉분조차 만들지 못하게 평장을 하도록 했다. 일제는 그의 생명을 앗아갔을 뿐 아니라, 정신까지 말살하려 한 것이다.

일본 경찰이 그토록 권오설을 두려워한 이유는 무엇일까? 100년 가까운 세월이 흘러 권오설의 이름을 아는 사람도 많지 않지만, 당시 그가 얼마나 영향력이 큰 인물이었는가는 직접 쓴 글과 수많은 신문 기사, 경찰 조서가 증언하고 있다. 그가 사망하고 2년이 지난 1932년에야 겨우 열린 추모식에서 부친인 소암 권술조 선생이 직접 쓰고 낭독한 제문도 그중 하나다.

때때로 신문 지상에 너를 아는 벗들이나 여러 사람이 너의 죽음을 애도하고 애석해 하는 글을 실으니 너를 송축하는 것임을 알 수 있다. 그런 사람들도 있으니 입에 재갈을 물리고 혀를 묶는다고 하여 누가 감히 말하지 않겠느냐? 또한 네가 나라와 백성을 구하는 일에 바친 피나는 정성을 여러 문자로 쓴 것을 찾아 모으면 수레에 실을 만큼 그 수를 헤아릴 수 없을 것이니 그것은 후일에 역사의 자료가 될 것이며 하늘의 뜻도 여기에 있을 것이다. 동서양에 사회가 없다면 그만이지만 만약에 있다면 그것은 능히 대서특필로써 선구자 누구라 할 것이며 그리하여 너는 영원히 살아서 사라지지 않을 것이므로 나는 장차 눈을 높은 곳에 달아두고 그것을 기다릴 것이다.

제문에서 약속한 대로, 소암은 아들이 살아생전 쓴 글들을 모아 아들의 호 '막난(莫難)'을 따 '막난집'이라는 제목으로 상·하권을 갈무리한 다음 경찰의 압수수색을 피해 예천 호명에서 글을 가르치는 신 모 씨에게 맡겨 놓았다. 훗날 이 사실을 알게 된 손자 권대용이 연락을 해보았으나 막난집을 받은 당사자는 이미 사망했고 후손들로부터 분실했다는 답변만 들었다. 안타까운 역사적 손실이 아닐 수 없다.

뒤늦게나마 발간되는 이 소박한 글이 저 높은 곳에서 후세를 바라보고 있을 권오설 선생과 부친 권술조 선생, 함께 투쟁하다 해방을 보지 못하고 사망한 권오상·김남수·권오운 등 고향의 벗과 동지들, 그리고 궁핍 속에서도 조상들의 정신을 기리고자 애써 온 권대용 등 후손들에게 작은 위로가 되기를 바라는 마음이다.

참고로, 이 책은 꼭 필요한 경우가 아닌 이상 '일제'라는 용어 대신 '일본'이라는 국명을 그대로 사용했다. 그 시절 일본을 '일제'라고 특정 지어 부르는 것은 마치 '대일본제국'은 오늘의 일본과 다른 나라라는 인상을 주기 때문이다. 문맥상 일제 또는 일제강점기라는 단어가 꼭 필요한 경우가 아니면 되도록 일본 또는 식민지시대로 표현했다.

또한 1919년 9월 이후로는 '조선'보다는 '한국'이라는 표현을 주로 사용했다. 비록 망명정부이기는 했으나 3·1만세운동 직후에 세워진 대한민국임시정부는 우리나라 최초의 공화정으로 대한민국의 시작이라 보기 때문이다. 민족주의 계열과 사회주의 계열이 합작해 구성했다는 점에서도 의미가 컸다. 일본인들이 한국을 부정하고 조선이라 부른 것을 따를 필요는 없다.

차례

서문 | 두려움을 떨치고 일어나 빛을 밝히다   4

1 홍수에 던져진 조각배가 되어   11

2 조선을 잠에서 깨우자   41

3 풍산트로이카, 상경하다   61

4 아서원의 결의   89

5 민중의 벗   101

6 고려공청 책임비서   119

7 조선은 조선인의 조선이다   141

8 1926년 6월의 함성   175

9 재판   189

10 서대문형무소   211

11 철관에 갇힌 사자   233

뒷이야기 │ 빨갱이의 후손으로 산다는 것   249

주요 연보   270

부록1: 조선공산당 선언   273

부록2: 가일마을의 독립운동가들   290

1 홍수에 던져진 조각배가 되어

권오설 평전

●

　　　　　　자본주의 제국들의 식민지 쟁
탈전이 극에 달하던 19세기 말, 60여 년간의 세도정치로 허
약해질 대로 허약해진 조선은 밀려오는 해일 앞에 던져진 작
은 조각배와 같았다.

　서양의 증기선은 검은 연기를 뿜으며 바다를 가르고 들어
왔고, 임진왜란 이후 300여 년 만에 다시 조선 정복의 기회
를 얻은 일본은 제국들 사이에서 우선권을 차지하기 위해 정
치력과 군사력을 총동원했다.

　뒤늦게나마 개항을 외치는 조정 대신도 있었다. 김옥균 등
은 서구 문물의 도입과 신분제도 개혁을 외치며 반란까지 시
도했다. 하지만 왕은 느긋하고 무능했으며, 그를 둘러싸고 있
는 새로운 세도가는 왕비 민자영의 친인척들이었다. 기득권
을 쥔 수구파 관료들의 반발조차 누르지 못한 그들에게 나라
를 바꿀 기회는 주어지지 않았다. 조선은 결국 수명을 다하
고 역병 같은 제국주의 침략전쟁의 희생물이 되어 버렸다.

　고종 이희는 독립을 지키기 위해 1897년 대한제국을 수립

하여 1대 황제로 등극했으나 아무런 힘도 없는 허수아비일 뿐이었다. 8년 후인 1905년 대한제국의 외교권은 일본에게 넘어갔고, 그로부터 4년 후에는 세계지도에서 조선이란 이름이 사라져 버렸다.

부끄럽게도, 이 과정에서 이희와 중앙정부의 고관대작 중 목숨 걸고 일본에 맞서 싸우겠다고 선언한 이는 없었다. 스스로 일어나 싸우는 의병들에게 최후까지 싸우라고 권고하거나 자금을 보낸 이도 없었다. 이희가 한 일이라고는 의병들에게 대일항전을 멈추라는 교시를 내린 것뿐이었고, 정부군이 한 일이라고는 일본군을 뒤따라다니며 의병 소탕전을 도와준 것뿐이었다.

오히려 이 왕가의 후손들은 일본으로부터 작위를 받거나 일본군 고위 장교로 임관되어 호의호식하며 살았으며, 해방 후에는 대한민국 정부에 자기들을 왕가의 후손으로 대접해 달라고 요구했다. 고관대작들도 대부분 일본으로부터 높은 작위와 거금의 하사금을 받아 대대로 후손까지 떵떵거리며 잘 살았다.

몽골의 침략과 임진왜란 때도 그랬듯이, 왕과 고관대작들이 버린 나라를 구하기 위해 침략자에 맞서 싸우는 일은 소수 선각자와 민중의 몫이었다. 나라가 무너져 간 십여 년간, 동학농민군으로 시작해 수십 만의 민중이 수차례에 걸쳐 봉기해 처절히 싸웠다. 그러나 분당 450발이 발사되는 기관총으로 무장한 일본군을 심지에 불을 붙여가며 한 발씩 쏘는 화승총과 일회성 무기인 죽창으로 맞설 수는 없었다. 일본군이 작성한 『조선폭도토벌지』에는 1906년부터 1911년까지 항일의병 1만 7,779명을 살상했다고 기록되어 있다. 일본군 사상자는 136명에 불과했다.

의병투쟁이 처절하게 패배하면서 많은 애국자들이 중국 땅 만주로 이주했다. 만주에 군사기지를 건설해 장기적으로 일본군과 맞서기 위함이었다. 그중에는 특히 안동 사람이 많았다.

대표적인 가문이 임하면 내앞마을의 의성 김씨 문중과 법흥동의 고성 이씨 문중이었다. 안동에서 대대로 존경받으며 부유하게 살아온 두 가문은 모든 재산을 정리하고 조국을 되찾겠다는 신념 하나로 머나먼 만주로 떠나 이루 말로 다 못할 처량한 고난을 겪는다. 독립운동사에 길이 남을 경학사와 부민단 같은 자치기구며 신흥무관학교와 백서농장 같은 군사훈련기지가 대부분 그들의 재산으로 건설되었다.

만주로 떠나지 못하고 고향 안동에 남은 이들 역시 일본 식민지기 내내 독립운동에 참가해 수많은 이들이 감옥살이를 하고 고문으로 죽어갔다. 대표적인 인물 중 하나가 안동 권씨 복야공파 집성촌인 가일마을에서 태어난 권오설이다.

가일마을은 아름다운 햇빛이 드는 마을이라는 뜻이다. 현재 주소는 경상북도 안동시 풍천면 가곡리다. 수백 년 전의 모습을 거의 그대로 간직하고 있는 가일마을은 안동 시내에서 하회마을로 가는 도중 큰길을 벗어나 은둔하듯 야산 기슭에 자리 잡은 아늑한 자연촌락이다. 앞으로는 넓고 풍요로운 풍산 들판이 낙동강을 따라 펼쳐져 있고, 뒤로는 학의 형상을 한 정산이 양 날개로 포근히 감싸고 있는, 전형적인 배산임수의 남향 마을이다.

권오설의 조상이 가일에 살기 시작한 것은 조선 초기 세종 때부터였다. 안동 권씨 18세손인 권항은 이 마을의 대지주인 하회마을 류씨 집안의 딸과 결혼한 후 과거에 합격해 정5품인 정랑 벼슬을 지내면서 뿌리를 내렸다.

권오설은 시조 27세손 권구의 둘째 아들인 권집의 7대 주손이다. 권집은 뛰어난 문사로, 300수가 넘는 시를 남겼으며 정신과 풍채가 빼어나고 마음이 넓은 사람으로 널리 존경을 받았다. 권집의 후손도 학문에 일생을 바친 사람이 대부분이었다. 권오설의 할아버지와 아버지 권술조도 대를 이어 서당에서 글을 가르치는 훈장으로 소박하게 살았다.

1914년 토지조사부에 따르면 권술조는 가일마을과 안교리에 3,502평의 농토를 소유하고 있었는데, 대부분 소출이 낮은 밭이고, 당시 중요한 재산인 논은 665평에 불과했다. 한 사람이 1년에 쌀 한 가마니를 먹던 시절에 4가마니 정도밖에 생산하지 못하니, 말로만 양반일 뿐 몹시도 가난한 집이었다.

가일마을의 권씨들이 다 가난하지는 않았다. 마을에는 크고 오래된 기와집이 여러 채 있었다. 벼슬을 했거나 부를 축적한 이들이 지은 집이었는데, 대표적인 가옥이 병곡종택·수곡고택·남천고택이다. 그중에 남천고택은 유독 넓은 텃밭을 갖고 있었고, 주인이 다른 집 세 채가 들어서 있었다. 권오설은 남천고택의 텃밭에 있던 초가집 중 한 곳에서 태어나고 자랐다.

지붕이 볏짚이라도 초라한 집은 아니었다. 방이 세 개에 마루와 부엌이 있고, 마당에는 디딜방아와 옹달샘이 있었으며, 대나무·향나무·탱자나무·오동나무·복숭아나무·배나무·감나무를 골고루 심은 아름다운 집이었다. 본채의 기초가 높아서 집 안에 들어가려면 마당에서 디딤돌을 밟고 올라가 쌍대문을 열어야 하는 전형적인 양반 선비의 가옥이었다.

남천고택의 사랑방에는 넓은 대청마루가 딸려 있었다. 마을 아이들에게 한문을 가르치는 서당으로 이용하기 위함이었다. 학동의 대부분이 권씨 문중의 후손들이니 서당은 일종의 문중 교육기관이었다. 권오설의 할아버지와 아버지는 대를 이어 이 사랑방에서 문중의 후대를 양성하는 어른이었다.

권오설의 직계는 자손까지 귀했다. 직계 시조인 권집부터 권오설의 할아버지까지 아들 한두 명만 낳아 겨우겨우 대를 유지해 왔다. 다른 집은 아들이 없으면 딸이라도 많이 낳기 마련인데, 이 집안에는 딸조차 거의 없었다. 1868년생인 아버지 권술조도 자기보다 한 살 많은 풍산 류씨 류영과 결혼했는데, 좀처럼 아이가 생기지 않았다. 그러다 서른 살이 된 1897년이 되어서야 첫아들 권오설이 태어나고 1901년에 둘째인 권오기, 다시 5년 후인 1906년에 막내 권오직이 태어났다.

신문이나 경찰조서 등 기록에 따라 연도가 다른데, 문중에서 확인한 권오설의 출생일은 1897년 11월 25일이다. 대한제국이 수립된 바로 다음 달이니, 태어날 때부터 바람 앞의 촛불처럼 위태로운 나라와 운명을 함께한 셈이다.

일본 경찰의 기록에 따르면, 성인이 된 권오설은 "165센치 정도의 키에 얼굴이 긴 편이고 입이 크며 뻐드렁니가 있고 광대뼈도 튀어나온" 강인한 인상이었다. 전형적인 미남형은 아니었으나 단정한 표정에 맑게 빛나는 큰 눈이 인상적이었다. 훗날 권술조는 아들의 인상 착의에 대해 이렇게 쓴다.

우리 집안이 대대로 번창하지 못하였고 나 또한 여러 번 실패하고서 오랫동안 바라던 나머지 네가 태어났던 것이다. 타고난 바탕이 과히 나쁘지 않고 눈이 맑고 깔끔하며 생김새가 단정하고, 어릴 적부터 말을 배울 때도 자못 영민하였다.

가난한 훈장집 세 아이들은 다 똑똑했는데, 그중에도 권오설의 영민함은 근동에 널리 알려질 정도로 명성이 높았다.

어린 권오설은 동네 아이들과 어울려 하루종일 뛰놀면서도 공부에 관심이 많았다. 할아버지의 서당에서 학동들이 한문 서적을 펴들고 공부하는 것을 보아온 권오설은 두세 살 때부터 책을 펴고 덮는 동작을 흉내 내고 붓과 벼루를 갖고 놀았다. 어린 손자가 하는 짓을 기특히 여긴 할아버지가 아침저녁으로 글을 가르치니 놀라운 학업 성취를 보여주었다.

표음문자인 한글은 기본 원리만 이해하면 누구나 쉽게 터득할 수 있는 문자였다. 천재가 아니라도 하룻밤 만에 한글을 깨우치는 이가 흔했다. 반면, 표의문자인 한자는 고대 상형문자를 발전시킨 문자라서 배우기가 무척 어려웠다. 수많은 글자의 모양과 발음과 뜻을 일일이 다 외워야만 하고, 같은 글자라도 뜻이 여럿이라서 문장에 따라 해석이 완전히 달라질 수 있기에 평생 배워도 다 못 배운다고 했다.

역설적으로, 한자를 얼마나 빨리 외우고 문장을 해석하는가에 따라 그 사람의 암기력을 측정할 수 있었다. 옛 선비들은 하루에 몇 개 한자를 외우는가로 그 사람의 학습능력을 평가했다. 누구는 하루에 100자를 외우는데 누구는 300자를 외운다는 식이었다.

권술조의 글에 따르면 권오설은 수재에 들만 했다. 할아버지가 어린 권오설에게 하늘·땅·해·달·아버지·어머니·아들·딸 등을 한자로 써 보이며 똑같이 써 보라고 하니 놀라울 정도로 모사해 냈다. 글자의 뜻은 물론 바로 외웠고 글자를 쓸 때 획의 앞뒤 순서에 틀림이 없었을 뿐 아니라 붓의 놀림은 민첩하고 신속했다. 글을 읽는 목소리도 낭랑하니 듣기 좋았다.

한 가지 흠이 있다면, 무엇을 물으면 너무 빨리 대답을 한다는 점이었다. 할아버지는 권오설이 깊이 생각하지 않고 금방 쉽게 대답하는 것을 나무랐지만, 손자의 말이 크게 틀리지 않았고, 오히려 무엇이든 빨리 깨우치는 능력을 보여주기에 심하게 꾸중하지 않았다고 한다.

한번은 가일마을 권씨의 사돈 집안인 하회마을 류하은이란 인물이 할아버지를 만나러 왔다가 어린 권오설이 글 읽고 글씨 쓰는 솜씨를 보고 크게 칭찬한 일도 있었다.

"너의 글솜씨가 참으로 비범하구나."

류하은은 할아버지에게도 말했다.

"형님, 이 아이 재주가 있으니 반드시 학문을 해야 하고, 명민하니 틀림없이 성공할 것입니다. 이 아이로 인해 형님의 집에 글이 뿌리내려 비로소 크게 떨칠 것입니다."

어렵게 얻은 자손이라 조부모와 부모의 사랑이 극진했음에도 권오설이 버릇없이 자라지 않은 점도 어른들을 기쁘게 했다. 권술조는 이렇게 쓴다.

나는 너를 가르치고 길러서 성취시킬 책임이 있음에 그 소임을 담당하지 못할까 두렵기도 하였지만, 돌이켜 생각하면 너의 바탕이 못나지 않았고 성장하면서도 어리석게 되지 않으니 사랑스러웠다. 가르치지 않아도 충직하고 노력하지 않아도 청렴하고 검약할 수 있는 것이 우리 가문에는 예사로운 일이었다.

영민한 큰아들 오설에 이어 둘째 오기, 셋째 오직이 태어나니 문중 사람들은 권술조의 집안에 경사가 났다며 축하했다.
"군의 집이 외로웠던 분을 이제야 씻네 그려."
권술조도 겉으로 드러내지는 않았지만 마음속으로 세 아들이 집안을 일으키리라 기대했다. 욕심을 부리지 않고 검소하게 살아가는 것을 미덕으로 여기는 성리학에 충실한 집안이었다. 이권을 쫓거나 권력을 추구하지 않고 향리에서 조용히 학문을 닦고 후학을 양성해 온 식계 조상늘의 은덕이 이제 발현되리라 생각했다.
하지만 자식들의 공부를 뒷받침할 경제력이 없었다. 할아버지가 그랬던 것처럼, 아버지도 살림살이에 밝지 못했다. 양반은 바지 걷고 논에 들어가는 것도 흉이 되는 시대였다. 가난한 훈장을 남편으로 둔 죄로 권씨 집안의 여자들은 밭일, 논일에 옷감을 짜서 옷 만드는 일까지 모진 고생을 했으나 가난을 면할 수 없었다. 권오설은 늘 배가 고팠고 따뜻한 옷 한 벌 제대로 없어 겨울이면 추위에 떨었다. 아버지는 아들에게 미안해하면서도 항상 당당히 살라고 말했다.

"배부르게 먹고 따스한 옷을 입는 것이 남들만 못함은 부끄러운 일이 아니다."

이런 생각이야말로 조선 왕조 500년을 이어온 성리학의 근본이기도 했다. 성리학의 전통과 검박한 가풍을 이어받은 권오설도 아버지의 마음을 잘 헤아려 투정을 부리거나 불만을 나타내지 않았다. 권술조는 그런 아들을 보며 미안해하고 대견해했다.

외세의 압력으로 강제로 이행된 근대화는 조선을 큰 혼란에 빠뜨렸다. 너무나 급작스럽게 정치, 경제, 문화의 모든 전통이 부정되고 뒤집어지니 구시대 학문으로는 새로운 세상에 적응할 수도 없고 바꿔나갈 수도 없었다.

세상이 바뀌면서 그나마 밥줄이던 서당도 문을 닫게 되었다. 권술조는 서당에 신학문을 도입해 한문과 함께 가르치려 했으나 역부족이었다. 결국 서당 문을 닫은 그는 1907년, 11살이 된 권오설을 풍산읍에 설립된 남명학교에 입학시켜 신학문을 배우게 했다. 1910년 남명학교가 하회마을의 동화학교에 통합되었다.

동화학교는 풍산 류씨 가문에서 세운 4년 과정의 근대식 학교였다. 풍산 류씨 가문만이 아니라, 전국의 많은 선각자들이 이제라도 신세대에게 서양 학문을 가르쳐야 나라를 되찾을 수 있다고 생각하여 기금을 모으고 건물을 기증받아 민간 학교를 세울 때였다. 여전히 봉건주의에 사로잡힌 고루한 양반들이 여성이나 상민의 자녀를 입학시키지 못하게 하는 등 방해하기도 했으나 신문명을 받아들이려는 교사와 학생들의 열정을 꺾지는 못했다.

조혼이 보편적일 때였으므로, 권오설은 14살이 된 1910년, 자기보다 4살 많은 부림 홍씨 가문의 딸 홍교와 결혼했다. 동화학교에 다닐 당시 그는 성인답게 성실한 학생이었다. 그는 지각이나 조퇴를 몰랐다. 매일 아침 십 리를 걸어서 남보다 일찍 등교하고 저녁에는 늦게까지 남아 공부하다가 돌아왔다. 날씨가 아무리 춥거나 더워도, 비바람이 몰아쳐도 결석 한 번 하지 않았다.

교사와 친구들도 권오설의 근면, 성실에 감탄을 보냈다. 훗날 일본 경찰이 권오설의 특징을 '영리함'으로 기록해 놓을 정도로 학습능력이 뛰어난 그가 누구보다 성실하니 모범생이라는 칭찬이 끊이지를 않았다. 권술조는 술회한다.

살을 에는 듯한 추위와 배고픔을 마음에 두거나 얼굴 색에 드러내지 않고 굳게 마음에 새겨 한결같이 힘쓰면서 학칙을 준행함이 3년 동안 하루같이 하였다. 총명하게 기술하는 성품과 시종 게으르지 않고 정성껏 힘쓰는 데 대하여 동창들과 친구들, 선생들이 여러 번 나에게 칭송하였다.

가난한 부모는 학교 다니는 아들에게 도시락도 제대로 싸

주지 못하고 겨울에도 따듯한 옷을 입히지 못하는 것을 몹시 미안해했으나, 권오설은 아버지가 그런 이야기를 할 때마다 오히려 위로했다.

"아버지 그런 말씀 마세요. 우리 집이 부유했다면 어렵게 사는 사람들의 생활고를 제가 어떻게 알겠습니까?"

본래 정이 많고 솔선수범하는 성격인 데다, 민족의식이 강한 교사들로부터 구국사상을 배운 권오설은 항일투쟁에 앞장서야겠다는 의지가 충만해졌다. 다른 학생들도 마찬가지였다. 풍산면과 이웃한 임하면에도 동화학교와 같은 취지로 세워진 민족학교인 협동학교가 있었다. 동화학교가 1회 졸업생을 배출하자, 협동학교에서 보낸 축사가 두 학교의 존재 의미를 설명해 준다.

역사가 있는 이 나라 잃은 슬픔이 너무나 깊고 눈물이 줄줄 흘러내린다. 이 마을에 어른들의 남겨진 유업에 따라 우뚝 선 학교가 있구나. 훌륭한 스승이 눈물과 피로 길을 가르쳐 주고 여러분은 4년 동안 열심히 공부해 과업을 수료했네. 계절은 청하절에 예식을 거행하니 사방에서 선비들과 여인들이 몰려와 박수를 치고 갈채를 보낸다. 임진년을 생각해 보니 나라를 다시 구한 것도 조상의 은택이다. 제군들아, 조상들을 잊지 말아라. 공을 세우고 이름을 날려 세세로 복을 두텁게 해야 하니, 명가들의 후예들아, 진실로 그 임무가 막중

하다. 끝없이 기도하고 기도하겠다.

청하절은 5월이고 임진년을 생각한다는 말은 1592년 임진년에 일어났던 일본의 침략을 생각한다는 뜻이다. 조총으로 무장한 왜군을 칼과 활로 물리친 조상들을 본받아 목숨 걸고 싸워 조국을 되찾자는 피맺힌 호소가 가슴 저리다.

그러나 동화학교는 몇 해 후인 1919년 3·1만세운동에 앞장섰다가 폐교를 당하고 그 자리에 조선총독부 학무국에서 관리하는 풍남공립보통학교가 문을 열어 일본이 원하는 교육을 하는 평범한 학교가 되고 만다. 협동학교 등 다른 민족학교의 운명도 비슷했다.

민족학교 성격이 강했던 1915년 4월에 동화학교를 졸업한 권오설은 진학을 할 수가 없었다. 현재의 중고등학교 과정을 합친 고등보통학교에 가려면 대구나 경성(서울)으로 가야 했는데, 고등보통학교의 한 달 수업료는 15원, 생활비까지 치면 월 30원은 필요한 시절이었다. 은행원이나 신문기자 등 고급 월급쟁이 월급이 60, 70원이고 교사는 40원 내외, 공장노동자는 20원 내외를 받았으니 한 사람의 월급을 톡톡 털어야 했다. 고보생 중에는 1년에 쌀 300가마니를 수확하는 삼백석지기나 1,000가마니를 수확하는 천석지기 자녀가 흔했는데, 오석지기도 못 되는 권술조가 아들을 유학 보내는 건 불가능했다.

권오설이 진학을 못하고 배회하고 있던 때, 그의 두뇌가 얼마나 뛰어난가를 알려주는 일화가 있다. 당시 가일마을의 제일 부자는 '하강공'이라 불린 권영식이었다. 그는 대한광복회 단원으로 군자금 모집에 나섰다가 1918년에 검거되어 공주형무소에서 수개월간 옥고를 치르고 1920년에 안동청년회와 조선노동공제회 안동지회 설립에 참여하는 등 사회주의 계열의 항일운동에도 참가했던 애국지사다.

권오설이 영민하다는 이야기를 들은 권영식은 외지에서 온 문사 6, 7명이 대청마루에 모여 담소하는 자리에 그를 불렀다. 그리고 10권으로 된 중국 송·원 때 역사책 『송원강목(宋元綱目)』을 앞에 놓으며 말했다.

"오늘 이 책을 가져가서 다 읽고 내일 다시 와서 내게 설명을 해보게."

이 말을 들은 권오설은 그 자리에서 10권을 설렁설렁 책장을 넘기고는 다 읽었다며 옆으로 밀쳐 버리고 다시 사람들과 이야기를 나누었다.

"그새 책을 다 읽었는가?"

지켜보던 권영식의 물음에 권오설은 다 읽었다고 답했다. 미심쩍었던 권영식이 말했다.

"그래? 그럼 책의 내용에 대해 물어볼테니 답을 해보게."

권영식은 책을 들여다보며 이것저것 물어보았다. 그러자 권오설은 막힘이라곤 없이 10권에 나오는 왕들의 생년월일까지 답했다. 권영식은 물론 대청마루에 앉아 있던 타지의 문사들 모두 놀라며 감탄했고, 이 일화는 문사들을 통해 경주, 대구까지 소문이 난다.

상급 학교에 진학해 공부를 더 하고 싶었던 권오설은 아버지에게 대구로 공부하러 떠나겠다고 했다. 학비와 생활비는 어떻게든 자신이 벌어서 해결하겠다고 했다. 당시 가난한 고학생들은 한자자전이나 세계문학전집류, 한방소화제인 영신환 같은 상품을 등에 지고 다니며 팔아서 학비를 조달했지만 쉬운 일이 아니어서 대부분 학교를 중퇴하고 말았다. 권술조는 학생이 자력으로 학자금을 마련할 수 없다는 것을 알았지만 배움에 굶주린 아들을 말릴 수 없었다.

대구로 간 권오설은 여관방을 얻어 살면서 진학의 길을 모색했으나 길이 있을 리 없었다. 나중에는 빌린 여관비를 낼 수 없어 볼모로 잡혀 버리고 말았다. 아버지는 몇 달간 몇 차례나 편지를 보내 내려오라고 권했다.

다행히 경주의 대지주 최준의 도움을 받게 되었다. 막대한 농토를 소유한 경주 최 씨네는 소작인들에게 관대할 뿐 아니라, 나그네와 거지에게도 밥과 돈을 나눠주는 선행으로 유명한 집안이었다. 권오설이 『송원강목』 10권을 한 시간 만에 외웠다는 소문을 알고 있던 최준은 그를 면담해 영민함을 확인하고 도와주기로 결정했다. 최준은 권오설의 밀린 여관비와 식비를 모두 갚아주고 자신의 아이들에게 과외교습을 해

주는 조건으로 현 경북고등학교의 전신인 대구고등보통학교
에 입학시켜 주었다.

권오설은 대구고보 1학년 과정을 월반 시험으로 대신하고,
바로 2학년에 입학할 수 있었다. 동화학교 시절과 마찬가지
로 뛰어난 학습능력과 성실하고 솔직담백한 인성으로 일본
인 교사들까지 그를 무척 좋아했다.

하지만 권오설은 3학년을 마치지 못하고 학업을 중단해야
만 했다. 정확한 내용은 알 수 없으나, 그의 재능을 질시하던
누군가가 모략해 최준이 지원을 끊게 만드는 바람에 학비를
감당할 수 없었던 것으로 보인다. 권오설이 아버지에게 보낸
편지에 그 정황이 담겨 있다.

저는 대구에 온 후로 아침저녁으로 별암 위에 올라 멀리 바
라보며 소리 지르고 탄식합니다. 사람이 이 세상에 태어나
서 학문하고 경영하는 것이 모두 부모를 위하고 조상을 보
호하는 것인데 저는 그렇지 못하고 불효가 하늘에 닿으니
어찌하면 좋겠습니까? 이번 휴가에는 집에 돌아가 모시고
싶으나 돈이 없어 뜻대로 하지 못한 제가 지난 겨울 이래 최
씨와의 인연을 단절한 후로 오늘에 이르기까지의 상황은 붓
으로 다 기록할 수가 없습니다. 탄식하고 탄식할 일입니다.
부처님도 굶주리고 추위에 떨 지경이니 어찌 살려주기를 바
랄 수 있겠습니까? 생각하고 거듭 생각해도 저의 희망과 우

리 집 희망이 부득이 중도에서 영구히 끊어지고 말겠습니다. 이 편지를 올리면 걱정을 끼쳐드릴 것이 송구해서 오늘내일 미루다가 오늘에 이르렀습니다.

아들이 처한 곤경에 대해 권술조는 이렇게 적어 놓는다.

그 사이에 이간하는 자가 끼어들어 틈을 냄에 사람으로서 자발적인 양심을 거스르고 사람이 나아갈 앞길을 빼앗아 중도에서 길을 바꾸게 하고 누대에 오르려는 사람의 사다리를 떼어 버렸다.

권오설이 돈이 없어 학교를 중퇴할 위기에 빠지자 한국인들보다 일본인 교사들이 더 안타까워했다. 그가 얼마나 신망 높은 학생이었는가는 일본인 교사들의 반응으로 알 수 있다. 인재를 잃게 된 일본인 교장 다카하시는 개탄했다.

"자네가 퇴학한다면 학교가 학교답게 되겠는가?"

일본인 교사 오쓰카는 눈물까지 흘리며 안타까워했다고 한다. 오쓰카를 비롯한 교사들은 권오설에게 책을 사주기도 하고 용돈을 주기도 하여 공부를 계속할 수 있도록 애썼으나 학비가 워낙 비싸니 평범한 월급쟁이들의 도움은 한계가 있었다.

일본인 교장과 교사들은 권오설 문제로 회의까지 연 끝에 달성군의 대지주 서병주에게 도움을 요청했다. 대구의 멋쟁이라 불리던 서병주는 빈민 구제에 앞장서서 칭송이 자자한 사람이었다. 해방 후에는 스스로 자신을 반민족행위자로 조사해 달라며 자수할 정도의 양심가이기도 했다.

서병주는 일본인 교사들의 호소에 권오설을 만나보고 흔쾌히 지원하기로 약속한다. 권오설은 아버지에게 보내는 편지에서 서병주의 도움을 받게 되어 얼마나 좋은지 모르겠다고 말한다.

학교장 이하 여러 선생들도 저의 가난을 탄식하고 저의 사정을 애석히 여겨 더러는 서책을 보충해 주기도 하고 더러는 일용 비용을 보조하여 할 수 없는 공부를 하도록 해주었습니다. … 또 여러 선생들이 안으로는 교실에서 회의를 하고 밖으로는 널리 외인들에게 기식할 수 있는 곳을 찾아 마침 한 곳을 구했는데, 곧 대구의 유명한 신사 서병주 씨 댁입니다. 이 집 형편은 여러 대에 걸쳐 부자고 사람도 견줄 데 없을 만큼 명망이 있으며 가난한 사람을 구제해 주고 민족을 사랑하여 칭송이 성 내외에 자자합니다. 저는 좋은 주인 집의 보호로 은혜를 입고 있는데 그 은혜가 예사로운 것이 아닙니다. 아뢰올 말씀은 주인이 베풀어 주신 좋은 옷을 얻어 입은 지 며칠 되지 않아 지금 이 옷가지를 받았습니다. 아버님, 어머님께서 애쓰시는 것을 생각하니 아직까지 이렇게 수고를 끼치는 죄를 장차 어떻게 하여야겠습니까?

권오설의 편지에 따르면 1917년 봄 당시 서병주는 2남 1녀를 둔 30대 후반의 부호였는데 칠순 노부모와 동생 3명까지 한 집에 살고 있었다. 아들 두 명은 고등학교에 다니고 있어 권오설과 동년배였다. 권오설은 얼마나 서병주에게 감동을 받았는지, 아버지에게 보내는 편지에 첫날 그 집에 간 이야기를 자세히 서술한다.

처음 만나던 날 대우가 융숭하고 반가운 얼굴로 대해주었으며 처음 저의 옷이 더러운 것을 보고는 그 동생의 옷으로 갈아 입게 하고 저의 옷은 세탁하여 그 이튿날 갈아입게 했습니다. 마침 또 종기와 감기가 몹시 심하였는데, 이것도 의사를 부르고 약을 사서 치료하여 며칠 안 되어 다 낫게 되었습니다. 그 밖에 소소한 잡비와 심지어 목욕값, 이발비까지도 주셔서 자기 자식처럼 대해주시고 자기 자식들과 같이 지내게 하여 더러운 것을 피하게 하여줍니다. 이것은 같은 일가 친척이라도 하기 어려운 일입니다. 옛말에 이르기를 "죽을 곳에 들어간 뒤에 살아남는다" 했는데, 이것이 한 예가 되겠습니다.

이 편지에서 권오설은 아버지에게 대구고보 교장 다카하

시에게 감사의 편지를 써달라고 부탁한다. 또한 다카하시가 얼마 후 안동 근방으로 출장을 갈 것이니 만사를 제쳐두고 그를 찾아가 감사 인사를 해달라고 한다.

권오설만이 아니라, 당대의 많은 지식인들이 학창 시절 일본인 교사들에게 도움을 받는다. 기독교 선교사들이 제국주의 침략의 선봉에 서면서도 식민지 민중의 계몽에 크게 기여한 것처럼, 일본인 교사들은 식민지 지배의 첨병을 하면서도 서구의 자유와 민주주의 사상을 전파함으로써 부당한 현실에 저항하는 젊은이들을 양산하는 역할을 한다. 조선에 고등보통학교를 세우려는 조선총독부의 계획에 상당수 일본 관료들이 지식인이 늘어나면 반일운동가가 늘어날 수 있다는 이유로 반대했는데, 실제로 그렇게 된 것이다.

권오설은 다카하시에 대해, 문과대학 출신의 선비로서 조선의 말과 관습에 특히 밝아서 조선의 이름난 문사처럼 우수하다고 칭송하며, 아버지가 그를 만나더라도 적대시하지 말고, 일본인으로 대하지 않는 것이 좋겠다고까지 쓴다.

그런데 얼마 후 권오설은 대구고보를 중퇴한다. 그 이유는 정확히 알려지지 않았으나 가족들은 학내 문제 때문이라고 알고 있었다. 대구를 떠나면서 서병주의 지원도 끊긴 것으로 보인다. 경주 최준에 이어 달성 서병주의 후원마저 얼마 가지 못하고 끝나버린 이유는 알 수 없다.

경성에 올라간 권오설은 중앙고등보통학교에 입학했다가

경성부기학교에 입학하지만 역시 제대로 졸업을 하지 못했다. 모두 경제적 어려움 때문이었다. 경성에서 그가 얼마나 힘들게 살았는가는 같이 중앙고보에 다닌 벗 이숙의 증언으로 남아 있다. 이숙은 경북 의성군 산운마을 출신으로 중앙고보 재학 중 3·1만세운동에 앞장섰으며 중국으로 건너가 의열단에 가담한 인물이다. 이숙은 훗날 집필한 회고록을 통해 권오설과의 관계에 대해 말한다.

권오설이 상경한 직후의 이야기인지, 아니면 나중의 이야기인지 정확히 묘사되어 있지는 않다. 이숙의 기억에 따르면, 권오설은 대구고보 3학년에서 중앙고보 3학년으로 전학했으나 돈이 없어서 동화학교 동창인 이원계의 하숙방에 얹혀 살았다고 한다. 하지만 같은 학생 신분인 이원계가 권오설의 생활비를 계속 내줄 수는 없었다. 결국 이원계의 하숙방에서 나와 오갈 데 없던 권오설은 이숙의 하숙방에 찾아왔고, 이숙은 기꺼이 그를 받아들였다.

여러 사람이 한 탁자에 둘러앉아 먹는 요즘과 달리, 한 사람이 작은 앉은뱅이 밥상을 하나씩 쓰던 시절이었다. 여관이나 하숙집에서는 사람 머릿수대로 밥상을 차려 각 방에 넣어주었다. 이숙 앞으로 밥상이 들어오면 두 친구는 밥 한 그릇을 반으로 갈라서 먹었다. 같이 자는 것도 주인의 눈치를 보아야 했는데 며칠씩 묵다 가는 사람이 많은 큰 하숙집이라 두어 달을 버틸 수 있었다. 여관과 하숙의 경계가 불분명한 시절이라 가능한 일이었다.

이 어려운 와중에도 권오설은 신학문에 대한 열정이 대단했다. 그는 경성에 머물던 얼마 안 되는 기간 동안 중앙고보와 경성부기학교를 다녔을 뿐 아니라, 일본 도쿄에 있던 동방문화대학에 강습을 신청하기도 했다. 이 대학은 도쿄의 간다스루가다이(神田駿河台)에 있던 대학으로, 권오설이 쓴 강습 신청서의 원본이 경상북도독립운동기념관에 소장되어 있다. 또한 일본 경찰 기록에는 권오설이 한때 도쿄 세이소쿠(正則)영어학교에서 배운 적이 있다고 기재되어 있다.

여운형, 박헌영 등 당대 여러 지도자들이 그랬듯이 권오설도 국제 활동에 대비해 영어 공부를 하려 했던 것으로 보이는데, 실제 일본에 건너가서 입학한 것이 아니라 통신강의록과 강연회를 통해 공부했을 것으로 추측된다.

권오설이 경성을 떠나게 된 계기도 이숙의 하숙집에서 일어난다. 전남 보성에서 올라온 하숙생이 있었는데, 그를 전남도청에 취직시켜 주겠다고 데려간 것이다. 이숙은 권오설이 보성 사람 덕분에 전남도청에 취업했다고 회고록에 남겼다.

그런데 실상은 조금 달랐다. 막상 광주에 함께 내려간 권오설은 그 사람에게 버려진 채 도청 근처 하숙집에 방치된다. 경성이든 안동이든 광주를 떠나고 싶어도 하숙비를 내지 못해 꼼짝도 할 수 없게 되었다.

때마침 대구고보 은사인 오쓰카가 교사를 그만 두고 전남도청에서 근무하고 있었다. 권오설의 사정을 들은 오쓰카는 속히 도청으로 오라고 편지를 보내왔다. 오쓰카는 찾아온 권오설을 전남도청 임시직으로 취업시켜 주었다.

월급은 18원으로 많지 않았으나 오쓰카는 앞으로 정직원으로 승급을 시켜주겠다며 격려하고, 도청에 들어가 일하는 데 필요한 여러 기구와 용품비가 30원이 드는데 그 절반도 자신이 내준다. 권오설은 그가 비록 일본인이지만 지금까지 만난 어떤 한국인보다 좋은 사람이라고 아버지에게 편지를 쓴다.

이 선생은 비록 일본 사람일지라도 저에 대한 걱정을 조선 사람이라도 결코 더 할 수 없을 만큼 해주십니다. 전번 퇴학 때도 이 선생은 눈물까지 흘렸고 애당초 서병주 씨에게 소개한 섯노 이 선생의 지도였으니 도처에 이 선생이 아니었으면 실로 생명을 보전하기 어려웠을 것입니다.

이 시기 권오설이 아버지에게 보낸 편지들만 보아도 그가 얼마나 감성이 풍부하고 또 선량한 사람인지 알 수 있다. 그는 자신을 도와주는 이들에 대해 과도할 정도로 감격에 넘쳐 감사와 존경을 표한다. 어떤 질문이든 깊이 생각하지 않고 즉석에서 대답하고 자신의 감정을 여과 없이 발언하여 손해를 보는 일이 많았는데, 이 역시 솔직담백하니 순수한 성격 탓으로 보인다.

부모님과 집안 어른들에 대한 애정도 컸다. 성장기에 제대로 영양을 섭취하지 못한 권오설은 몸이 몹시 허약했다. 다음 편지를 쓴 1918년 10월 24일에도 심한 독감에 걸려 있었다. 코피까지 쏟으며 쓰러져 있는 와중에도 그는 고향의 부모님을 걱정한다.

요즈음 도처에 독감이 유행하고 있는데 이 독감은 다른 때와 달라서 4, 5일을 심하게 앓고 심지어는 코피까지 나며 전염이 아주 심합니다. 이 추운 겨울에 우리 집은 먹을 것, 입을 것이 넉넉하지 못하여 병에 걸리기 쉽습니다. 모쪼록 조심하시고 과로하지 않도록 하시기 바랍니다. 뵈옵지 못한 동안 조모님 근력 여전하시고 두 분 기체후일향만강하시며 집안 대소절이 모두 평안하신지 두루 궁금하기 짝이 없습니다. 저는 우연히 독감에 걸려 아주 고통 중에 있는데, 제가 태어난 이후 처음으로 코피를 많이 흘렸습니다. 혹 이 일을 말씀드려 놀라지나 마십시오. 이런저런 일로 걱정만 끼쳐드리는 죄, 언제나 갚을 수 있을지 죄송하고 죄송합니다. 어쨌든 오쓰카 선생이 나를 대신하여 앞으로 부모님의 걱정을 덜어주셨으니 걱정 마시기 바랍니다.

권오설은 집을 나와 사는 동안 아버지와 끊임없이 편지를 주고받았는데, 그 어디에도 아내 홍교에 대한 언급은 없다.

항상 부모님과 할머니의 안부만을 걱정한다. 어른에게 올리는 편지라서 아내 이야기를 쓰지 않은 것 같지는 않다. 동생 권오기와는 더 많은 편지를 주고받지만 역시 아내에 대한 어떤 언급도 없다.

오히려 권술조가 며느리에 대한 안타까움을 써 보내곤 했다. 감정도 풍부하고 글도 잘 쓰는 만큼 정이 많은 아버지였다. 17살 나이에 13살짜리 어린아이에게 시집와서 극빈한 살림에 제대로 먹지도 입지도 못하고, 남편의 사랑도 받지 못한 채 농사일로 고생하는 며느리를 늘 고맙게 생각하고 늘 미안해한다.

권오설도 정이 없는 사람이 아니었다. 오히려 정이 넘치는 사람이었다. 부모 형제와 친구들에게 보내는 편지들 속에 그리움과 쇠스러움, 실병과 빈곤의 고통까지 자신의 감정을 있는 그대로 표현하는 감상적인 사람이었다. 편지에는 아내에 대한 언급이 없지만 아내를 배신하지도 않았다. 당시 사회운동에 뛰어든 지식인의 대부분이 그 과정에서 만난 지식인 여성과 사랑에 빠져 고향의 본처와 이혼하거나 이중혼을 유지하는데, 권오설은 그런 일이 없었다.

일본인 밑에서 일한다는 것만으로도 어깨에 힘을 주던 시절이었다. 헌병 보조나 보조 순사는 물론, 일개 면서기도 같은 한국인 위에 군림하며 위세를 부렸다. 공무원 초봉이라 월급이 적기는 해도, 장남이자 장손이 전남도청 직원이 되었으니 이제 집안 살림은 풀린 셈이었다.

하지만 일본인들 밑에서 한국인을 통제하고 수탈하는 일이 동화학교 출신인 권오설의 이상에 맞을 리가 없었다. 도청에서 일한 지 반 년쯤 되었을 무렵 고종이 사망하고 이를 계기로 3·1만세운동이 터지자 권오설은 공무원 신분임에도 이에 동참한다. 어떻게 만세운동을 했는가 구체적인 과정을 알 수는 없으나, 후일 그가 옥중에서 사망한 후 중외일보가 권오설의 생애를 실으며 "3·1만세운동으로 6개월간 옥살이를 했다"고 보도한다.

권오설의 목포형무소 수감 기록도 남아 있지 않다. 재판에 넘길 것인가, 석방할 것인가를 결정하기까지 무기한 감옥에 가두고서도 석방자는 일절 기록에 남기지 않는 예심제도 때문이다. 실제 수많은 애국지사들이 1, 2년 동안 옥살이를 하고서도 재판을 받지 않고 석방되는 바람에 어떤 기록에도 남지 않는다.

누구보다도 권오설의 만세운동 참여를 잘 알고 있는 이는 아버지였다. 권술조는 후일 아들의 2주기 추도문에서 아들이 안정된 직장을 버리고 만세운동에 앞장섰음을 밝히고 잘한 일이라고 칭찬한다. 그는 아들의 삶을 작은 조각배에 비유하여, 작은 조각배가 큰 홍수로 위험에 빠진 사람들을 구하는 것처럼 살았다고 묘사한다. 또한 먼저 알아서 뒷사람을 깨우치게 하고, 먼저 근심을 하여 나중에 살 사람들을 즐겁

게 만드는 삶을 살았다고 쓴다.

　권오설이 수감생활을 마치고 고향 땅에 돌아온 것은 1919년 늦가을이었다. 3·1만세운동을 겪은 한반도는 봄을 맞은 계곡처럼 부산하게 생기를 찾아가고 있었다. 아직 위에는 얼음이 덮여 있었으나, 얼음장 밑으로는 힘찬 물줄기가 흐르듯이 자신감을 찾은 한국인들의 심장은 거세게 뛰고 있었다. 항일의병운동과 만주독립운동의 본향인 안동의 농민들도 누군가 선구자가 나서기를 고대하고 있었다. 권오설은 아버지 말처럼 홍수로 범람한 강물 위에 띄워진 외로운 쪽배처럼 홀연히 돌아와 민중운동을 이끌게 된다.

2 조선을 잠에서 깨우자

소설 평전

권오설 평전

1919년 3월 1일부터 시작된 두 달여 간의 만세운동은 한국 현대사에 길이 남을 반외세 민중투쟁이었다. 이 운동은 처음에는 태극기를 든 비폭력 비무장 행진으로 시작했으나 4월부터는 일본군과 경찰의 무자비한 진압에 맞서 폭력시위로 발전했기에 더욱 기념적인 투쟁이었다. 고려 민중들의 26년간에 걸친 대몽전쟁과 임진왜란, 진국에서 일어난 의병전생 때는 국가라노 존재했으나, 3·1만세운동은 국가조차 사라진 가운데 일어난 순수한 민중 항쟁이기에 더욱 절절했다.

무엇보다도 3·1만세운동은 조선 말기부터 한국인을 짓누르고 있던 열등감과 패배주의를 이겨내는 계기가 되었다. 만세운동이 막바지에 이르던 4월 23일, 13도 대표자들이 임시정부를 선포하고 이승만을 집정관 총재로 선출했다. 속칭 '한성정부'였다. 비슷한 시기에 러시아 연해주에서 대한국민회의가, 중국 상하이에서도 임시정부가 설립되었다.

이들 세 임시정부는 역량을 합치기 위해 안창호의 주도 아래 9월 11일 대한민국임시정부를 출범시키고 이승만을 대통령에, 국무총리에는 이동휘를 선출한다. 대한민국임시정부는 몇 해 안 가 국내의 지원이 끊어져 존망의 위기에 봉착하지만, 경무국장으로 시작한 김구가 해방되기까지 긴 세월을 지켜낸다.

대한민국임시정부는 식민지라는 현실 때문에 전체 국민을 상대로 한 선거 절차를 통해 정부를 구성하지는 못했으나, 당대의 대표적인 독립운동가들이 모두 참가한 조직으로서, 해방 후 대한민국으로 이어졌다. 실제로, 1948년에 세워진 대한민국 정부는 연호를 '민국 30년'으로 표기해 대한민국임시정부의 법통을 이었음을 명확히 한다.

만세운동은 무엇보다도 국내의 대중운동을 크게 고양시켰다. 군·면 단위까지 전국을 휩쓴 만세운동에 직접 참가해 자신감을 얻고 해방감을 맛보았던 민중들의 욕구는 부풀어 올랐다. 놀란 조선총독부가 이른바 '문화정책'을 표방해 한국인에게 교육기관과 언론기관을 세울 권리를 허용하면서 민중의 자신감은 더욱 커졌다. 조선일보, 동아일보 등 조선어 신문의 보급으로 전국의 반일운동과 문화운동의 현황이 공유된 것도 큰 도움이 되었다.

조선총독부는 만세운동이 끝난 후, 제한된 범위에서나마 집회와 결사의 자유를 용인했다. 물론 독립운동, 반일운동에 관련된 일체의 정치운동은 금지하는 조건적 자유였다. 민족운동 중 무저항적, 개량주의적 문화운동만을 인정하겠다는 뜻으로, 일본의 점령을 인정하는 사람들에 한해서 자치운동과 참정권운동을 허용하겠다는 의미였다.

총독부의 목적이 무엇이었든, 제한적이나마 결사의 자유가 허용되면서 1919년 10월부터 이듬해 가을까지 985개나 되는 단체들이 결성되었고 다시 1년이 지난 1921년에는 무려 3,000개에 이르렀다. 그중 각종 종교단체를 제외하고 가장 많은 단체는 청년단체였다. 1930년 6월 30일 자 동아일보는 이렇게 보도한다.

청년의 모임은 전국에서 하루에 적어도 10여 처씩이오, 현금 경성에서만도 남녀 청년의 모임은 70여 처나 되어 제각기 활동을 하고 날마다 상연이니 연설이니 하여, 밖으로는 사회의 깊은 잠을 깨우기에 힘쓰고 안으로는 자체 수양에 힘쓰고 있다.

1920년대 초부터 1930년대 중반까지 식민지 수도 경성은 '반도의 파리'라는 별명이 붙을 정도로 온갖 사상과 사조가 꽃피었다. 무정부주의자와 공산주의자들이 자신이 사상을 자랑스럽게 떠들고 다녔고, 고루한 유림과 극단적인 페미니스트가 공존했다. 지식인 여성이 담배를 피우는 것이 멋으로 여겨졌고 여고생들 사이에 번진 동성애로 동반 자살한 사건도 보도되었다.

온갖 난무하는 사상과 사조 가운데 가장 인기 높은 것은 사회주의였다. 대한민국임시정부가 삼권분립에 의한 민주공화국이라는 대의를 선포했다면, 그 내용을 구체화한 이들이 사회주의자였기 때문이다.

몇 해 후 결성되는 조선공산당이 지하 유인물과 외국에서 발행한 잡지 등을 통해 발표한 260여 가지의 투쟁목표 중에는 전 국민에게 18세까지 의무교육을 실시할 것, 빈민 자녀들에 대한 무상교육을 실시할 것, 노동자에 대한 산전산후 휴가를 제공할 것, 산재사고 시 고용주에게 민사책임을 물을 것, 노년 노동자에게 양로금을 지급할 것, 가족수당을 지급할 것, 외국인 노동자에 대한 차별 대우를 금지할 것, 호주제를 폐지할 것 등 오늘날 대한민국에서 실시되고 있는 복지제도가 거의 망라되어 있었다.

식민지 한국인들에게 어떤 이상을 제시해 항일운동에 동참시킬 것인가, 혹은 일본으로부터 독립한 후 어떤 나라를 만들 것인가에 대해 자세한 내용을 제시한 이들이 사회주의자요, 그들의 집합체가 1925년 4월에 결성된 조선공산당이었다. 이 점에 대해 1926년에 발표한 조선공산당선언의 해설은 이렇게 기술하고 있다.

현재 무수한 혁명 단체들 중에 어느 하나가 적확한 강령을 가졌다는 말을 듣지 못하고 그저 다만 대한독립의 네 글자에 그치나니 이것은 이 선언에도 말한 바와 같이 우리 운동의 목적이요 이 운동을 진행하는 데 어떠한 경로, 어떠한 책략 으로써 한다 함은 포함되지 아니하였다.

불행하게도, 당시 한국인들은 백성을 위한 나라에 살고 있 다고 느낄 수 없었다. 조선 말기 관리들의 극심한 부정부패 에 시달려 온 가난한 백성 중에는 나라가 잘 망했다고, 차라 리 지금이 더 낫다고 자조하는 이들도 많았다. 물론 이 말이 일본의 통치를 받고 싶다거나 일본이 좋다는 뜻은 아니었다. 조선의 독립이란 것이 그 지긋지긋했던 과거로 돌아가는 것 이라면, 별로 달갑지 않다는 뜻이었다.

이런 상황에서 등장한 사회주의 이론은 독립운동의 판도 를 바꿔 버렸다. 임시정부가 고질적인 내분과 자금 부족으로 지리멸렬하는 동안, 국제공산당 꼬민테른으로부터 적지 않 은 자금과 인력을 지원받은 국내 사회주의자들은 단체 조직 과 운영, 선전물 발간 등에서 훨씬 자유로웠다. 특히 고등보 통학교 학생들을 중심으로 한 지식인 청년들 사이에 사회주 의는 유행처럼 번져갔다.

항일운동의 거점 중 한 곳이던 안동에도 사회주의 성향을 띤 민중운동이 급속히 발전했다. 감옥살이 6개월 만에 풀려 나 고향에 돌아온 권오설도 그 주역의 한 명이었다.

권오설이 어떻게 반일민중운동을 하게 되었는가를 확인할 글이나 전하는 이야기는 남아 있지 않다. 어떤 특정한 계기가 있었거나 주변 인물의 영향을 받았을 수 있다. 그러나 계기는 중요하지 않다. 당대의 조선인이라면 누구라도, 설사 일본인에 붙어 호의호식하는 자들조차도, 일본인들의 지배에 불만을 가질 수 있다. 중요한 것은 생활 속에 느끼는 반일 감정을 행동으로 표현하는 것이고, 이 일은 누군가 시킨다거나 가르친다고 해서 시작되는 것이 아니라, 본인의 성품이 결정하기 때문이다. 그것은 자기 민족이 처한 불행한 현실을 남들보다 더 민감하게 느낄 만큼 풍부한 감수성과 타인을 위해 자신을 희생할 수 있는 선량한 품성을 가진 사람들이 빠져드는 길이었다.

권오설은 우선 고향 가일마을에 원흥학습강습소를 개설했다. 마을 입구에서 좌측으로 올라가는 길목에 있는 문중 사당 건물을 사용했는데 예전에 서당으로 쓰던 곳이었다. 관청에는 원흥학습강습소라 신고하고 허가를 받았는데, 학생들끼리는 '원흥의숙'이라 불렀다. 권오설이 교장 겸 교사를 맡았다. 운영비는 권씨 문중의 유지인 권중흥이 지원해 주었고 그의 동생인 권준표도 교사로 참여했다. 또한 조선어학회 강형원, 대한독립단원 김상준, 영어교사 김재우 등 여러 애국지사들을 초빙해 학생들을 가르쳤다.

권오설이 원흥의숙에서 강의를 하면 먼 곳에서도 그 카랑

카랑한 음성이 들렸다고 전한다. 큰 목소리에 명연설가이자 달필이었던 그는 나중에 경성 한강변에서 칠판을 세워놓고 강연을 할 때면 몸은 군중을 바라보며 손만 뒤로 돌려 분필로 글씨를 썼다고 한다. 벗 이숙은 회고록에서 권오설이 이 학교에 절대적인 역할을 하고 있다고 쓴다.

권 군은 경북 안동에서 사립학교 선생으로 수백 명 학생을 혼자서 맡아 교장 노릇, 교사 노릇, 교무 혹은 서무 노릇을 하자니 자연 경성 걸음이 뜰 수밖에 없고 나는 경성서 명색이 공부한다 하느라 방학이 되어도 고향에 가지 않고 줄곧 하숙방에 처박혀 있자니 서로 만나볼 기회가 있을 리 만무하였다.

이숙이 고보를 졸업하고 공업전문학교에 진학하게 되자 권오설은 그 바쁜 시간을 쪼개 경성까지 올라와 축하하며 하룻밤을 자고 간다. 정이 많은 두 사람은 밤을 꼬박 새우다시피 정담을 나누었고, 오로지 친구를 축하하기 위해 올라왔던 권오설은 이튿날 서둘러 남대문역에서 안동행 기차를 탄다. 이숙은 이렇게 쓴다.

그 이튿날 남대문역두에서 석별의 악수로 남행열차에 태워 보내고 홀로 돌아와 하숙에 누웠으니 허무한 마음 금할 길

없었다. 우정이란 떼려야 뗄 수 없는 유대적 존재임을 절실히 느꼈다.

두 사람의 관계는 식민지 치하 민족주의 계열 항일운동가와 사회주의 계열 항일운동가의 관계를 상징적으로 보여준다. 항일운동가들은 같은 고향, 같은 학교, 때로는 같은 집안이라는 연줄로 서로 얽혀 있었다. 사상과 이론의 차이가 벌어졌다고 해도 적대적으로 대립하기보다는 우정으로 감싸주고 도와주는 경우가 더 많았다. 하지만 해방 후, 냉전이 시작되면서 벌어진 좌우 세력 간 살상과 전쟁은 우리 민족에게 영원히 씻을 수 없는 상처를 남기게 된다.

열정만큼 정이 많았던 권오설이었다. 그가 운영한 학교의 학생 대다수는 소작인의 아이들이라 가난했다. 정만 많을 뿐 사적인 욕심이라곤 없는 권오설은 형편이 어려운 학생들에게 자신의 월급을 나눠주고 학용품을 사주는 등 아낌없이 학생들을 돌봐 널리 지역민들의 신망을 샀다.

권오설은 1920년 초에는 안동청년회에 가입해 청년운동에 나서는 한편, 사회 일반의 풍기(風紀)를 개선할 목적으로 1920년 9월 4일 일직금주회를 창립하고 회장을 맡아 사회 계몽에 앞장섰다. 농사 외에는 일거리가 없던 시절이라 긴 겨울을 술과 도박으로 시간을 보내는 농부들이 많았다. 이로 인해 생기는 폐단을 막기 위해 만들어진 금주회는 전국적으

로 관심을 끌었다. 1920년 9월 17일 자 동아일보는 "독립이
라는 큰 과업도 일상생활을 개혁하는 것으로부터 시작함을
믿고 실천한 권오설 선생은 1920년 일직면 금주회를 창설했
다"고 설명하며 금주회의 간부 명단을 싣는다.

안동군 일직면 유지인 서병의, 이돈만, 염상진, 권오설, 오정
수, 서병극, 남필흠, 김성규, 남구연, 서병주 씨 등은 원래 공
공사업에 많이 헌신하였는데, 일반 풍기를 혁신하기 위하여
이번에 금주회를 발기하여 9월 4일에 일직서숙에서 창립총
회를 개최하였는데, 수백 명이 출석하여 대성황리에 규칙을
통과하고 임원은 회장 권오설, 부회장 오보형, 총무 오정수,
간사 서병주, 염상진, 서기장 서학제 씨가 피선되었다 한다.

회장인 권오설의 나이는 24살이었다. 그는 같은 해인
1920년 고향 가곡면에 농민조합을 조직하는 한편, 9월에는
고향 선배인 이준태와 함께 조선노동공제회 안동지회 설립
을 주도했다.

조선노농공제회는 그해 4월 11일 경성에서 창립된 한국
최초의 노동단체로, 계급사회의 모순, 노동조합과 세계의 현
황 등의 제목으로 강연회를 열어 사회주의를 전파한다. 권오
설, 이준태 등 안동 지역의 대중운동 지도자들이 이에 가입
하고 지부를 결성함으로써 본격적으로 사회주의운동을 시작

했다고 할 수 있다.

권오설보다 5살 많은 이준태는 풍산면 출신으로, 같은 안동 사람이자 조선공산당 1대 집행부 책임 비서가 되는 김재봉과 함께 경성을 오르락거리며 조직 운동에 참여해 온 전국적으로 인정받는 사회주의자였다. 이준태는 조선노동공제회를 시작으로 무산자동맹회, 신사상연구회, 화요회, 신흥청년동맹 등 주요 사회주의 단체의 간부로 활약하는데, 항상 권오설과 함께 한다.

1922년에 결성된 풍산청년회의 회장으로 일할 때 권오설이 작성한 연설문 초안이 일부 남아 있다. 청년회원들의 단결을 호소하는 글이다.

우리는
서로 갈라져 다른 판을 벌리지 말지어다.
서로 떨어져서 남 보듯 하지 말지어다.
서로 멀찍이서 보고 눈살 찌푸리지 말지어다.
갈라지면,
떨어지면,
멀찍이서 보면,
엎어진다.
자빠진다.
그만이다.

오직, 우리는,

서로 손목을 꽉 잡고 한곳으로 한길로 같이 나아갈지며,

서로 마음을 같이하여 한뜻으로 한일로

늘 힘쓸지며,

서로 언제든지 함께하여, 모지고 굳센

뭉텅이를 이룰지어다.

이리해야,

일어난다,

살것이다,

오래도록.

부지런한 권오설의 조직력과 추진력은 놀라웠다. 그는 원흥학술강습회를 운영하는 한편, 인근 지역으로 활동을 넓혀 일직면에 일직서숙과 오릉의숙을 설립했다. 예천군 은풍면, 안동군 임동면과 금계면에도 강습소를 설립했고, 1922년 8월에는 안동 지역 30여 개 학술강습소와 개량 사숙의 통합을 위한 안동강습회연합협의회 결성을 주도하였다. 민중운동에 대한 열정만으로는 감당하기 어려운, 뛰어난 조직력과 추진력의 결과였다. 안동강습회연합협의회는 권오설을 책임자인 '사령'으로 선출한다.

1922년 10월 5일 자로 권오설이 관공서에 제출한 풍산학술강습회 개설 인가 신청서에는, 1학년은 수신·국어·조선

어·한문·산술·도화·체조·경기를 과목으로 하고 학년이 높아지면서 역사·지리·농업을 추가한다고 되어 있다. 만 8세 이상의 남녀를 학생으로 모집하되 정원은 200명으로 하고 교사는 권오설 외에 이회춘·이준덕·이영태·이광연이 맡는 것으로 신고한다.

권오설의 사회활동은 나날이 확대되었고 어디서나 책임자의 자리에서 소임을 다했으나 가정적으로는 그리 행복하지 못했다. 풍산청년회 회장으로 한창 일하던 1922년 부인 홍교와의 사이에 아들 대원을 낳았으나 이듬해에 죽고 만다. 이후로는 자식을 낳지 못했다. 아버지 권술조는 "그때 다행히 손자를 보게 되어 집안의 경사가 천금의 보배를 얻은 것보다 더하였는데 하늘이 나에게 복을 주지 아니하여 갑자기 죽고 말았다"고 안타까워한다.

집안의 경제적 어려움도 나아지지 않았다. 셋이나 되는 아들들이 성인이 되었건만, 모두 사회운동에만 매진하니 형편이 나아질 수가 없었다. 그럼에도 명예와 청렴을 제일로 여기는 전통적인 성리학자인 권술조는 권오설에게 거듭 말했다.

"너는 살아가는 계책 때문에 너의 마음을 더럽히지 말아라."

먹고 살기 위해 비루한 일을 하거나, 의로운 뜻을 접지는 말라는 뜻이었다. 권술조의 기록에 권오설의 대답이 나온다.

"제가 가난하기 때문에 이런 마음이 있는 것이며 만약 부유하였다면 이런 마음이나마 지니고 있겠습니까? 빈궁함을 탓하지 마소서. 지금 초췌하고 극심한 고통을 겪는 것이 어찌 평범한 사람들이 제자리를 얻지 못한 것뿐이겠습니까? 비록 진나라와 초나라의 부귀와 권세가 보장된다 하더라도 저는 이를 버리고 의로움을 따라 살 것입니다마는, 조만간에 부모를 위할 날이 어찌 없겠습니까?"

안동에서 권오설의 활동은 풍산소작인회에서 절정에 달했다. 이준태, 김남수 등과 함께 조직해 1923년 11월 11일에 출범시킨 풍산소작인회는 그 규모와 활동에서 한국 농민운동에 길이 남을 기념비적인 단체였다.

풍산소작인회의 시작은 소박했다. 현주소로 안동시 풍산읍 안교리 85-2번지에 있던 풍산학술강습소에서 열린 창립 **총회**에 참석한 인원은 200여 명이나 되었으나 정작 소작인 회원은 단 2명뿐이었다. 하지만 하루가 다르게 회원이 늘어나 이듬해에는 5,000명이나 되었다.

소작인회가 이토록 열렬한 지지를 받은 것은 그만큼 농민 문제가 심각했기 때문이다. 1922년 당시 전국의 농가 호수는 약 270만 호였는데, 그중 80%가 넘는 210만 호가 소작농으로 자기 땅을 가진 농민은 60여만 가구에 불과했다. 1,300만 명에 이르는 소작인 가족은 애써 지은 농산물의 70% 이상을 소작료와 물세 등으로 바치고 영양실조와 조로, 질병에 시달리고 있었다.

　반면 대지주들은 거둬들인 막대한 소작료로 빚에 쪼들리는 소지주들의 땅을 사들여 해가 다르게 부유해지고 있었다. 조선시대에는 형식상으로나마 모든 토지가 왕토(王土)여서 양반들은 세금을 거둬들이는 역할을 했으므로 소유한 땅의 넓이에 암묵적인 제한이 있었다. 하지만 무제한의 토지 소유가 인정되면서 대지주들의 토지는 무한 증식을 거듭했다. 천석지기를 부자라 부르던 시절은 지나고 만석지기, 팔만석지기가 탄생했다.

　공장노동자는 20원 이하의 월급이나마 일정하게 들어오니 최저생활이라도 유지할 수 있었지만 소작농들은 최소한의 대가조차 보장받지 못한 채 기근에 시달려야 했다. 인구의 절대다수를 차지하는 농민을 조직하여 이를 토대로 사회를 변화시켜 나가는 일이 사회운동가, 특히 사회주의 영향을 받기 시작한 활동가에게 최우선 과제일 수밖에 없었다.

　더욱이 이미 이때쯤이면 상당한 규모의 농토가 일본인 회사 및 개인 소유로 바뀌어 있었다. 지주들과 싸워 소작인의 권리를 신장시키는 일이 곧 독립운동의 일환이었다. 따라서 민족주의자나 사회주의자를 막론하고 농민운동을 식민지해방운동으로 보는 것에 견해가 일치했다.

　풍산소작인회는 총회에서 선출된 25명의 위원으로 구성된 집행위원회가 있고, 이들 중 9명의 상무집행위원회를 선출했다. 상무집행위원들은 서무부·재무부·조사부 등 3개 부로 나뉘어 회의 업무를 처리했다. 회원에는 소작인만이 아니라 지식인, 자작농, 그리고 중소 지주까지도 참여하도록 하여 저변을 넓혔다.

당시 안동 지방에는 일본인들이 토지를 담보로 농민들에게 돈을 빌려주고는 고율의 이자를 이용해 토지를 빼앗는 일이 반복되고 있었다. 농민들은 빼앗긴 자신의 농토에서 소작민이 되어 수확의 70%에 이르는 소작료를 내는 비참한 신세가 되어갔다.

빚을 감당할 수 없는 이들은 온 가족을 이끌고 야반도주해 만주로 떠났다. '만주에는 빈 땅이 넘친다'는 소문을 따라간 건데 그곳에도 주인 없는 땅은 없었다. 다만 개간하기 어려워 황무지로 버려졌을 뿐이었다. 이주한 농민들이 기를 쓰고 땅을 개간해 농사를 지으면 이번에는 중국인 지주가 소작료를 받으러 왔다. 어떤 지주들은 개간한 땅에서 한국인을 몰아내고 자신들이 차지했다. 부지런한 한국인들은 사람 키보다 큰 풀과 잡목으로 뒤덮였던 만주 벌판과 산을 기름진 논과 밭으로 개간했으나 남의 땅에 좋은 일을 해준 데 불과했다. 나라도 없고 땅도 없는 농민들은 끝이 보이지 않는 빈곤에서 헤어날 길이 없었다.

풍산소작인회의 기본 요구사항은 소작료를 50%로 낮추라는 것으로, 여전히 농민에게 불리한 내용을 담고 있었으나 당시 소작 실태에 비하면 획기적인 내용이었다. 지세를 지주에게 부담케 함, 부역에 불복함, 마름료와 간평 접대는 폐지함, 제방 공사비는 각 지주에게 부담케 함, 소작권은 5년 이상으로 함, 소작료 운반비와 비료 사용료는 절반만 부담함 등의 조항도 마찬가지였다.

요구사항 중 '간평 접대'란 소작지에서 소작료를 결정하기 위해 마름이 현장을 답사해 작황을 조사하는 행위로 농민 가족의 1년 생계를 좌우하는 일이었는데, 마름들의 횡포가 대단했다. 닭과 돼지를 잡아 술을 대접하는 것은 물론, 수치스러운 성 접대까지 해야 했다는 증언이 남아 있다.

해가 바뀐 1924년 봄, 풍산소작인회는 첫 번째 총회를 열고 보리와 감자 등 춘궁기 농작물의 소작료를 20%로 낮추도록 요구하며 소작쟁의에 들어갔다.

이에 지주들은 자신들의 기득권을 보호하기 위해 농무회를 조직해 탄압하는 한편, 6월에는 소작인회에 가입한 농민들에게서 소작권을 박탈하여 회원이 아닌 농민에게 소작권을 넘겼다. 이에 맞서 소작인의 권리 보호를 위해 싸우는 과정에서 소작인회 간부 및 소작인 다수가 구속되거나 벌금형을 받았지만 생존을 위한 투지는 꺾이지 않았다. 풍산면 소작쟁의는 전남 암태도에서 벌어진 암태도 소작쟁의와 함께 식민지시대 대표적인 농민투쟁으로 꼽힌다.

풍산소작인회는 봉건적 신분질서 철폐에도 앞장섰다. 안동의 도산서원이 소작료를 늦게 납부했다고 소작인에게 체벌을 가한 사건이 계기가 되어 안동의 사회단체들과 연계해 서원철폐운동을 벌이기도 했다. 신분이 폐지되었다고는 하나, 양반이 지나는 데 상민이 제대로 허리 굽혀 인사를 하지 않았다고 하인을 시켜 잡아다 때리는 일이 여전히 용인되던 농촌지방에서 봉건적 신분질서 철폐를 요구한 것은 획기적인 사건이었다.

당시 권오설과 같은 사회주의자들은 조선 땅에서 일본인들을 물리치는 데서 한 걸음 더 나아가 미래 한반도의 모습을 보여주려 했다. 그것은 봉건사회라는 긴 꿈에서 깨어나고 있는 조선인들에게 경이로운 신세계였다. 이 신세계가 백 년 뒤에 대부분 실현되리라곤 아무도 생각하지 못했겠지만, 사회주의자들에 대한 민중의 선망은 높았다.

1924년 4월, 경성에서 전국 단체인 조선노농총동맹이 결성될 때 권오설은 풍산소작인회를 대표해 상무집행위원으로 선출된다. 이를 계기로 전국적인 활동가로 성장하고, 나아가 사회주의 항일운동에서 최고 지도자의 한 명으로 자리 잡게 된다.

안동에 벌여놓은 일이 한두 가지가 아닌 그가 갑자기 경성으로 가버리자, 그를 믿고 지원한 많은 사람들이 원망하며 조속히 내려오라고 편지를 보냈다. 하지만 이제 그는 상무집행위원으로, 풍산면을 포함해 전국 단위 차원에서 조직을 이끌고 역량을 쏟아부어야 했다. 권오설만 아니라 김재봉, 이준

태까지 '풍산트로이카'라 불린 세 사람은 모두 경성에서 활
동을 시작했다.

3 풍산트로이카, 상경하다

권오설 평전

권오설 평전

●

　　　　　　　　　　　　권오설이 상경한 1924년 봄의
경성은 근대와 과거의 문화가 공존하는 복합적인 공간이요,
동서양의 여러 인종이 뒤섞여 사는 국제적인 도시였다.

　숭례문을 중심으로 방사형으로 펼쳐진 비포장도로의 상점
간판은 한글·일본어·한자가 뒤섞여 있었고, 흰옷을 입은 조
선인과 검정 옷의 일본인, 황금색을 좋아하는 중국인, 그리고
외모부터 다른 서양인들이 몰려 다녔다. 전차가 지나는 대
로에는 4, 5층짜리 서양식 빌딩이 즐비했고, 그보다 좁은 길
에는 2층짜리 일본식 다다미집들이, 구불구불한 뒷골목에는
조선시대 중인들이 살던 소박한 기와집들이 다닥다닥 붙어
있었다. 도시의 경계선도 지금과는 판이하게 달라서, 동쪽으
로 청량리나 서쪽으로 아현리만 나가도 묘지가 즐비한 한가
한 농촌이었다.

　왕조 조선의 수도에서 식민지의 근대 도시로 변모하던 전
환기의 긴장과 대비를 고스란히 담고 있는 경성은 마치 역사
적 교차로와 같았다. 그 이면에는 깊은 슬픔이 감춰져 있었

다. 이 땅의 주인인 조선인들은 하수도도 상수도도 없는 뒷골목에서 살았고, 옛 조선의 궁궐들은 주인을 잃고 텅 비어 있거나 유원지로 바뀌어 일본인들의 놀이터가 되어버렸다.

나라를 잃고 자존감을 파괴당한 조선인들은 마음 둘 곳을 몰랐다. 식민지가 된 한반도에서는 신흥종교와 공상소설이 인기를 끌었다. 조선인들의 무너진 자존심이 만들어 낸 현상이었다. 『정감록』이니 『격암유록』 같은 무속신앙에 불과한 비결서들이 여러 판본으로 나돌았고, 이를 토대로 옛날에는 한국인이 중국 중원의 지배자였다는 공상소설이 나돌았다. 고통스러운 현실을 외면하고 무너진 자존심을 살리려는 이 황당한 이야기들은 어리석은 이들을 현혹시켰다.

지식인들 사이에 퍼져 나간 꿈도 있었으니, 사회주의였다. 1917년 러시아혁명의 성공에 이어 1922년에 소련이 수립된 후, 사회주의와 그 최종 단계인 공산주의는 제국주의 침략의 희생양이 된 약소국의 지식인들 사이에 큰 희망으로 떠올랐다.

사회주의는 오늘날 우리가 누리는 사회적 혜택의 대부분을 만들어 낸 '위대한 이상'이었으나, 그것이 이론을 넘어 권력이 되었을 때 나타나는 부작용 역시 컸다. 무산계급의 독재라는 레닌의 이론은 필연적으로 일인 독재로 귀결되었고, 실물경제에 무능한 채 독재 권력에 심취한 사회주의 권력자들과 그들을 종교적으로 맹신하는 좌익 소아병자들은 머지 않아 인류의 절반을 참혹한 고통으로 몰아넣었다.

하지만 1920년대는 사회주의가 제국주의를 종식시킬 대안으로 떠오른 지 몇 년 되지 않았을 때였다. 사회주의는 세계의 진보적 지식인들 사이에 선풍적인 인기를 끌었고 노동자와 농민 대중에게 유행처럼 번져 나갔다.

러시아공산당이 주축이 되어 만든 국제공산당 꼬민테른은 '조선과 같은 식민지 반봉건 국가에서는 사회주의혁명에 앞서 식민지 해방투쟁부터 수행하도록 하라'며 적지 않은 활동자금까지 지원해 주었다. 국제 미아가 되어 외롭게 싸우고 있던 조선의 애국 청년들에게 소련과 꼬민테른은 구세주와도 같았다.

조선인들 중 제일 먼저 공산주의를 받아들인 이들은 먹고 살길을 찾아 러시아 연해주로 이주했던 이들이었다. 러시아혁명 직후 미국·영국·프랑스·일본 등 자본주의 열강은 볼셰비키정권을 붕괴시키기 위해 러시아내전에 무력으로 개입했다. 러시아에 살던 조선인들은 러시아 내전 과정에서 적군(赤軍)의 일원으로 참전하게 되었고, 이 과정에서 사회주의를 받아들여 1921년 이르쿠츠크에서 고려공산당을 창당했다. 그런데 같은 해에 중국 상하이에서 또 다른 고려공산당이 결성되었다. 세칭 이르쿠츠크파 고려공산당과 상하이파 고려공산당이었다.

한국의 공산주의운동사는 극렬한 파쟁의 역사라 해도 과

장이 아니었다. 일본 경찰이 공산주의운동을 폄훼하기 위해 고의로 파벌싸움을 강조한 수사 기록을 남기고 언론에 발표한 탓도 있지만, 실제 사실도 크게 다르지 않았다.

교류가 거의 단절된 가운데 각자의 지역에서 당 조직을 만들다 보니 생긴 문제라고도 할 수 있지만, 애초에 비판적인 성향이 강한 이들이 모인 탓이기도 했을 것이다. 몇몇 나라 공산주의자들은 파쟁이 지나쳐 1920년대 꼬민테른이 운영하는 모스크바 공산대학에서 전원 퇴학을 당하기까지 했다. 이때 한국인 중에도 일부 학생이 퇴학을 당했으나 그 뒤에도 공산대학 내 한국인 유학생들 사이의 파쟁은 계속되었다.

이러한 현실의 반영이었을까, 꼬민테른은 공산주의자의 단결을 촉구하며 한국에 대해서도 이르쿠츠크파와 상하이파를 통합시키기 위해 다방면으로 애썼다. 하지만 두 파의 대립은 해소되지 않았고, 꼬민테른 극동총국은 결국 두 고려공산당을 모두 불허하고 국내에 새로운 공산당을 건설하기로 결정한다.

꼬민테른은 1922년 12월에 고려총국을 설치하고 이르쿠츠크파 고려공산당의 일원이던 김재봉을 책임비서로 임명해 김찬, 신철 등과 함께 국내에 들어가 조선공산당을 조직하도록 했다.

김재봉은 권오설의 가일마을에서 야산 하나를 넘으면 나오는 안동군 풍산면 오미마을 출신으로, 어려서부터 알던 고향 선배였다. 권오설보다 6살이 많은 그는 일찍부터 공산주의운동에 가담해 1922년 1월 모스크바에서 열린 극동민족대회에 참가했던 인물인데, 겸손하고 차분한 성품으로 신망이 높았다. 소련으로부터 1923년 봄에 귀국한 그는 조선일보 기자로 취업해 일하면서 조선공산당의 결성을 준비하는 중이었다.

김재봉이 조선공산당 결성의 임무를 받고 돌아왔을 때 국내에는 크게 세 계열의 사회주의 파벌이 활동하고 있었다. 구체적인 명칭은 시기에 따라 바뀌는데, 일반적으로 서울청년회파(서울파), 북풍회파, 화요회파라 불렸다. 서울청년회는 국내에서 자생적으로 조직된 반면, 북풍회는 일본 유학생들을 중심으로 조직되었고, 화요회는 꼬민테른과의 연계 속에 만들어져 국제적인 성격을 띄었다고 할 수 있었다.

김재봉은 세 파벌을 통일해 고려총국 국내부를 조직하려고 '조선공산당 창당을 위한 13인회'를 구성했다. 그러나 서울청년회는 순수 국내파라고 할 수 있는 자신들의 주도권을 주장하며 이를 거부했다. 김재봉은 서울파를 배제하고 화요회와 북풍회를 중심으로 당을 준비한다.

1924년 봄에 상경한 권오설이 조선노농총동맹 상임집행위원이 된 것도 김재봉의 조선공산당 창당과 밀접한 관계가 있었다. 이 무렵 고향 안동에 내려와 활동하고 있던 이준태도 권오설과 함께 상경해 조선공산당 조직에 앞장선다. 당 건설의 최고 책임자인 김재봉, 전국 최대의 대중조직을 이끄는 권오설, 공산주의운동에서 신망이 높은 이준태가 하나로 모인 것이다.

사람들은 김재봉, 이준태, 권오설 세 사람이 안동 풍산면 주변 출신이란 점 때문에 '풍산트로이카'라 불렀다. 하지만 세 사람에게 고향보다 더 중요한 공통점은 화요회라는 점이었다.

화요회는 1923년 7월에 결성된 사회주의 연구단체인 신사상연구회가 이듬해 11월 19일에 열린 간부회의에서 연구를 넘어 행동하는 단체로 재출범한다는 의미로 이름만 바꾼 것으로, 카를 마르크스의 생일이 화요일이란 데서 착안했다.

화요회 회원은 60여 명이었는데, 당대 진보 계열 최고의 지식인들이라 자부할 만한 인물들이었다. 풍산트로이카 3명 외에 조봉암·박헌영·이승엽·김단야·김찬·홍명희·홍증식·임원근·구연흠·민창식·조동호 등 한 명 한 명이 하나의 조직이라 불러도 좋을 정도의 영향력을 가진 이들이었다.

형제가 함께 가담한 경우도 여럿이었다. 박일병·박순병 형제와 권오설·권오직 형제였다. 화요회에 들어있지는 않지만 큰동생 권오기도 늘 형과 뜻을 함께했으니 권오설네는 삼형제가 모두 화요회 계열의 혁명운동에 가담한 셈이었다.

화요회는 사회주의혁명 이론에 충실해 공산당 결성과 기층 민중운동을 밀접하게 결합시키려 한다. 이에 따라 조선노농총동맹을 비롯한 수십 개의 지역 공산주의자 그룹과 적색노동조합, 적색농민조합을 신규 결성하거나 기존의 조직과 결합해 나갔다.

꼬민테른은 몇 해 후인 1928년 12월에 국내의 조선공산당이 노동자와 농민의 지지기반이 없이 소수의 관념적인 지식인으로 조직되어 일제의 탄압에 쉽게 무너지므로 당을 해체하고 대중운동으로부터 다시 시작하라고 명령하는데, 화요회로서는 억울한 지적이었다.

조선공산당 집행부가 거듭 체포된 것은 20만에 이르는 경찰과 헌병의 감시로 국내에서 활동하기 어려운 탓이었지, 공산당이 노동자·농민과 유리되었기 때문이라고 단정할 수는 없었다. 러시아혁명을 이끈 사회민주노동당 지도부야말로 대다수가 지식인으로 이뤄졌으며 러시아 국내가 아닌 독일에서 국내 운동을 원격 지도했었다는 점으로 보아도 그랬다.

권오설은 민중 속에 뿌리내린 공산당을 건설하기 위한 대중조직 최일선에서 활동한 한 명이었다. 조봉암·김재봉·박헌영·김단야 등 조선공산당 추진의 핵심 인물들은 신문기자로 일하고 있어 경찰의 감시에서 비교적 자유로웠다. 그들은 지방 취재를 이유로 전국을 돌아다니며 당원을 포섭한다. 권오설은 조선공산당 추진의 핵심 인물이면서 동시에 국내 최대의 대중조직인 조선노농총동맹을 이끄는 공개된 인물로서 당 조직과 대중투쟁의 두 가지 일을 동시에 수행하게 된다.

조선노농총동맹의 창립은 수월하지 않았다. 이번에도 서울파와 화요파의 갈등이 제일 큰 문제였다. 당시 국내에는 1922년 10월에 결성한 조선노동연맹회가 활동하고 있었다. 경성인쇄직공 친목회를 비롯해 친목회, 공제회, 노동회, 직공조합 등의 이름으로 흩어져 있던 전국의 13개 노동단체 3만여 노동자가 결합한 단체였다.

후일 조선공산당 책임비서가 되는 강달영을 비롯해 백광흠, 김광근 등 사회주의자들이 주도한 노동연맹의 선언문은 자본주의와 자본계급에 대한 투쟁의지를 명백히 했다.

인류 최초의 발생 흔적을 탐구하면 자유이고 평등이다. 평등이고 자유이다. 그러한 자유와 평등, 평등과 자유가 수만 년을 경과하여 모든 역사, 모든 길 위에서 계급사회를 형성하여 소수인의 간교, 잔악한 칼이 우리 노동자의 인격을 섬멸하고 생활을 압박하면서 부지불식간에 현대와 같이 불합리한 자본주의 제도까지 도달하였다.

자본주의의 해독은 세계 도처에 미루어 헤아리기 어려울 정도로 팽배하여 생산의 권위를 가진 노동자를 기계시하고 그 노동력을 상품시하여 우리 노동자는 고민과 비통함이 인내하려 하여도 다시 더 인내할 수 없는 절정에 달하였도다. 그러나 우리는 결코 기계가 아니라 인격자다. 노동력은 상품으로 매매할 것이 아니라 공동 사회의 안전을 이루려는 인간성의 정당한 발현이다. 그러므로 우리의 단결력에 의하여 우리의 해방을 완전케 하고 신노동문화의 건설에 분투코자 한다.

다시 우리 조선에서의 모든 현상은 실로 처절하고 참담함이 극도에 달해 전율과 오열로 표현하기도 불가능하다. 공장에서 임금노예는 가련한 여공, 유약한 유년공까지 창백한 안색으로 죽음의 길을 걸어가고 농촌에서 소작농노들은 생활불안으로 떠돌며 걸식하는 이가 숫하다. 굶어죽은 시신의 뼈와 얼어 죽은 이의 살이 공동묘지를 날로 넓혀가고 있다. 아아! 해방의 시대가 되도다. 노동자도 자유인이 되리로다. 만국의 노동자는 이미 떨쳐 일어나 신사회 건설의 역군이 되어 혹은 투쟁을 계속하고 혹은 승리를 노래하는데, 우리 조선의 노동자라고 현사회의 실곡을 벗어나지 못할까? 아니다. 우리 조선의 노동자도 세계를 향하여 이와 같이 선언하노라. 조선의 노동자도 자유와 평등과 평화를 위하여 만국의 노동자와 단결하여 분투코자 하노라!

김재봉과 권오설 등 조선공산당 준비 세력은 이 조선노동연맹회를 확대, 개편하여 조선노농총동맹으로 발전시키려는 계획을 갖고 있었다. 이에 서울파가 반발하여 따로 조선노동대회를 만들어 대립했다.

두 조직이 서로 노조를 끌어들이려 싸움을 벌이자 노동자와 농민이 나섰다. 현장의 노동자, 농민 단체가 강력히 반발하며 통합을 요구한 것이다. 두 파도 이를 받아들여 1924년 4월 17일 여러 정파가 연합한 조선노농총동맹을 결성하게 되었다.

창립대회는 5월 3일 지금의 서울 명동에 있던 공연장인 광무대에서 열었는데, 경찰은 자본계급과 끝까지 싸운다는 항목을 통과시키거나 어용단체에 대해 토론하면 결성식을 중지시키겠다고 사전 통보하고 당일에는 많은 경찰을 공연장 안팎에 배치했다.

하지만 주최측은 경찰의 협박을 무시하고 '노동계급을 해방하고 완전한 신사회를 실현할 것, 최후의 승리를 얻을 때까지 자본계급과 투쟁할 것'을 통과시켰다. 이에 대기 중이던 경찰이 진입해 대회를 무산시키고 앞장서 항의하는 권오설을 연행해 임시 유치시켜 버렸다. 이에 흥분한 노동자 500여 명은 혁명적 노동가를 부르며 가두시위를 벌여 곳곳에서 경찰과 충돌했다. 이로 인해 26명이 구속되었다.

총회가 무산되자 50명의 집행위원은 종로구 견지동 88번지 본부 사무실에 모여 상근할 상무위원 10명을 선출했다. 경찰서에 잡혀 있는 권오설을 포함해 강택진·김종범·박병두·김병숙·장채극·문찬두·서정희·윤덕병·유용목 등이었다. 집행위원들은 창립비 300원은 발기 단체가 똑같이 부담하여 다음 달 15일 내로 납입할 것, 집행위원 50명이 매월 1

원씩 납입하되 총회에서는 이것을 곤궁한 상무집행위원에게 임시 수당으로 지불할 것, 일체 업무를 상무위원에게 일임할 것을 결의했다.

격렬한 가두시위와 구속사태로 출범한 조선노농총동맹은 260개 단체, 5만 3,000여 조합원을 가진 조선 최대 대중단체였다. 권오설을 중심으로 10명의 상근자가 경찰의 온갖 방해를 무릅쓰고 노동쟁의와 소작쟁의에 적극 개입, 한 해 동안 50건의 사건을 해결하는 등 활발한 활동을 벌여 나갔다.

상무집행위원 권오설은 본부 사무실 바로 근처인 견지동 80번지에 주소지를 두고 매일 출퇴근했다. 이 시기에도 권오설은 고향의 아버지, 동생들과 계속 편지를 주고받는데, 그중 주목할 만한 것은 자신이 왜 조선노농총동맹에서 일하는가를 밝힌 1925년 5월 26일 자 편지다.

권오설은 이 편지에서 1924년 부친이나 집안 어른들과 아무 상의 없이 상경하는 바람에 학교 운영이 어려워진 점에 대해 사죄하면서 왜 그럴 수밖에 없었는가를 해명한다. 자신은 사유재산제도가 없는 '이상적인 신사회'를 건설하기 위해 상경하였고, 사유재산 철폐만이 대중의 근본 문제를 해결할 수 있다고 주장하면서, 이 길로 나아갈 수밖에 없는 자신을 부디 용서해 달라고 한다. 아버지와 어른들에게 말하지 못하고 떠난 것은 상경하는 이유를 설명할 길이 없었기 때문이라고 한다.

한글로 쓴 이 편지는 경상도 사투리 발음 그대로 아버지를 아부지로, 어머니를 어무니로 부르고 한문 표기가 많은데 읽기 편하게 의역한다.

아버님께 올립니다.
아버님, 어머님, 얼마나 생활난을 견디는 데 고통이 많으십니까? 이 말을 여쭈는 저도 모르는 바는 아닙니다만 저절로 이 말이 붙어 여쭈지 않을 수 없었습니다. 물론 말씀드리지 않고 나온 것이 저도 그리 잘된 일이라고 생각할 이유가 있겠습니까? 뵈옵고서 여쭐 말씀이 없어서 그만 그리되었습니다. … 우리 돈 없는 사람은 무슨 까닭으로 몇 천 년, 몇 백 년 그대로 고통의 바다에서 신음하게 됩니까? 땀을 흘리며 일하는 사람일수록 죽을 지경입니다. 왜 그러합니까? 결코 그러할 이유가 없는데 왜 그러합니까? 그것은 근본으로 사유재산제도가 있어서 그런 것입니다. 지금 이른바 부자나 귀족이나 황후나 걸인이나 모두 오체로서 출생한 것이오, 결코 토지나 가옥이나 다른 무엇을 선천적으로 가지고 온 것은 아닙니다. 그런즉 그러한 제도 밑에서의 법률이라든지 도덕이라든지 모두 재산 있는 자를 보호하는 데 지나지 않는 것입니다. 그러므로 우리 무산자에게 대하여는 하등의 이득이 없으며 도리어 우리를 압박하는 것입니다. 그러므로 우리는 부득불 이렇지 않은 이상적인 신사회를 건설하여 우

리의 새로운 복된 생활을 영위하지 않을 수 없습니다. 이것
이 현재 각자 자신을 위하여 또는 대중을 위한 근본 문제입
니다. 이 문제의 해결에 사활이 걸려 있습니다. 그러므로 저
는 가정에 죄를 지었으나 이 길로 나가지 않을 수 없습니다.
아버님, 어머님, 부디 용서해 주시옵소서.

‘이상적인 신사회를 건설’하고자 하는 뜻을 명확히 밝힌
이 편지만 보아도 권오설이 단순히 독립운동을 위해 사회주
의를 빌린 것이 아니라 사회주의 자체에 동조하고 있음을 알
수 있다. ‘자본주의를 넘어선 사회주의와, 사회주의가 고도로
발달하여 이뤄질 공산주의 세상’을 꿈꾼 사람이었다. 사회주
의가 현실이라면 공산주의는 먼 미래의 꿈으로, 분리 시켜서
생각할 수 없는 하나의 이상이었다.

보수세력의 이념 공세로부터 사회주의 계열 항일운동가들
을 옹호하기 위해 ‘독립운동의 한 방편으로 사회주의를 택한
민족주의자’였다는 식으로 말하는 이들이 많은데, ‘사회주의
를 가지고 독립운동을 한 것’이라고 정확하게 말하는 게 옳
다. 국가권력을 장악한 공산주의 독재자들이 자국민에게 입
힌 피해는 막대하지만, 사회주의 이상이 인류 전체의 삶에
미친 긍정적인 측면까지 부인해서는 안 된다.

식민지 해방투쟁기에 사회주의자였다는 사실은 결코 부끄
러운 일이 아니다. 사회주의자로 부르든 공산주의자로 부르

든, 당대 혁명가들의 제1 투쟁 목표는 조선의 독립이었다. 일본의 침략을 단순한 영토전쟁이 아니라 독점자본주의가 낳은 제국주의적 식민지 쟁탈전이라고 보았기 때문이다. 그들에게는 일본을 물리치고 조선을 해방시키는 것이 민족의 염원인 동시에 사회주의혁명의 첫 단계였다. 그리고 이를 위해 상상도 하기 힘든 자기 희생을 감내한다.

사회주의자가 된 정확한 경로는 알 수 없으나, 권오설은 실천하는 사회주의자로서 동시대 누구보다 활발한 대중운동과 교육운동에 나섰다. 1924년 6월 2일에는 조선노농총동맹과 조선청년총동맹이 연합하여 강연회를 열기로 했다. 권오설도 '생활난의 부르짖음'이라는 제목의 연설을 하기로 되었는데, 경찰이 이를 금지시켰다. 이에 권오설과 김찬 등이 경찰서에 항의 방문했는데, 서장은 바쁘다고 피하고 고등계 주임이 "집회 내용이 불온하다고 판단하면 직권으로 금지할 수 있다"고 답하며 끝내 불허했다.

이에 31개 단체의 대표 100여 명이 6월 7일 오후 3시에 청계천변 수표동에 있는 조선교육협회에 모여 언론과 집회 탄압에 반대하는 대책을 논의했고 권오설도 조선노농총동맹의 대표로 회의에 참석했다. 10여 명의 경관이 살풍경한 눈으로 감시하며 반일적인 발언이 나올 때마다 호루라기를 불고 고함을 쳐서 중단시키는 가운데 진행된 회의였지만, 출석한 27명의 대표들은 '언론집회압박 탄핵회'를 결성한다. 권오설은 조선노농총동맹 대표 자격으로 결의문을 낭독했다. 이틀 뒤 6월 9일 동아일보에 실린 권오설이 낭독한 결의문의 일부다.

> 언론집회에 관한 당국의 태도가 최근에 이르러는 더욱더 심하여, '언론집회의 자유'를 주었다는 소위 '문화정치'의 근본정신도 없어지리만큼 너무도 압박이 심하여 이에 대한 대응책으로 이미 알린 바와 같이 경성에 있는 각 사상단체와 언론기관을 모두 망라하여 대중의 우렁찬 여론으로써 당국의 반성을 촉진시키는 동시에 오랫동안 소리 없이 잠잠하고 느른하던 우리 사회에 새로운 활기를 던지고자 각 단체의 대표자들이 모여 가장 온건한 구체 방침을 협의 결정하게 되었다.

탄핵회 결성 자리에는 조선노농총동맹·조선청년총동맹·고학생갈돕회·조선여성동우회·불교청년회·서울청년회·신흥청년회 등 운동단체 외에 조선변호사협회·시대일보사·동아일보사·조선일보사 등 법조계와 언론사까지 참가해 조선총독부의 기만적인 문화정책을 성토한다.

며칠 후인 6월 19일에는 농촌의 소작쟁의 문제를 조사하기 위해 권오설 등 3명의 상무집행위원을 파견한다. 이 무렵 전라도와 경상도의 일부 횡포한 지주들이 농사철에 임박해

소작권을 이동시키는 바람에 기존 소작인을 큰 곤경에 빠뜨리거나 새 소작인과 싸움이 붙는 일이 자주 보고되었기 때문이다. 심지어는 전 소작인이 심어놓은 모를 현 소작인이 뽑아버리고 새로 심는 등 가난한 소작인 사이에 서글픈 주먹다툼이 벌어지기도 했다. 이에 조선노농총동맹이 소작인들의 투쟁을 지원하기 위해 권오설은 경상도에, 박병두는 전라북도에, 서정희는 전라남도에 파견한 것이다.

권오설은 마산을 시작으로 진해와 창원군 내서면에서 일어난 소작쟁의를 지도하고 올라왔는데, 이후에도 경상도만이 아니라 전라도, 황해도 등 문제가 있는 곳 어디든 찾아갔다. 고향 풍산면의 소작쟁의를 지도하고 안동의 대중단체들을 격려했으며, 전라남도 암태도에서 일어난 대규모 소작쟁의 현장에 파견되어 지도했다는 기록이 남아 있다.

1924년 말에는 황해도 봉산군 사인면에서 소작쟁의가 계속되어 언론에 잇달아 보도되고 있었다. 사인면 소작농들은 동양척식주식회사의 횡포에 맞서 소작조합을 결성하고 조선노농총동맹에 가입해 싸우고 있었다. 동양척식주식회사는 조선으로 농업이민을 오는 일본인에게 농토를 확보해 주기 위해 만든 기관이므로, 이에 맞서 싸우는 일 자체가 독립운동의 일환이라 할 수 있었다. 권오설은 12월 초에 임동순과 함께 봉산군 사인면 현지에 내려가 실제 상황을 조사한 후 보다 체계적으로 투쟁할 수 있도록 돕는다.

이때 새로 황해도 도지사에 임명된 일본인이 사리원역으로 내려온다는 소식에 농민 200여 명은 사리원역에서 대기하며 진정서를 전달하려 했다. 그러나 신임 도지사는 기차에서 내리자마자 승용차를 타고 도청이 있는 해주로 도망쳐 버린다. 분개한 농민들은 도청으로 항의하러 가기로 결의하는 등 쟁의가 더욱 조직적이고 강해진다.

권오설은 12월 14일 이후에도 황해도에 며칠 더 남아서 소작쟁의를 조사하고 지원했는데, 그가 황해도에서 수집한 소작쟁의 실태는 향후 농민운동 방향 결정에 영향을 주었다. 다음 달인 1925년 1월에 박헌영이 공산주의청년인터내셔널에 보내는 보고서를 쓸 때 권오설이 조사한 동양척식회사 관련 자료를 바탕으로 한다.

권오설은 12월 25일에 다시 남쪽 지방으로 특파되어 가맹단체의 현황을 파악하고 아직 가맹하지 않은 단체를 방문해 가맹을 권유했다. 동아일보는 권오설의 이 출장도 자세한 기사로 다루는데, 그가 방문할 때 각 지역 단체에서 어떤 항목에 대한 자료를 준비해야 하는가까지 상세히 안내한다. 각 단체의 연혁, 회원 수, 동맹파업·소작쟁의 건수 및 그 원인과 경과·결과, 내년 활동계획 등을 준비해 놓으라는 기사였다.

동아일보와 조선일보가 이처럼 대놓고 사회주의자들의 편을 들어 대변할 수 있었던 것은 신문기자 가운데 사회주의자가 다수 포진해 있었기 때문이다. 박헌영·김재봉·조봉암·홍증식·임원근·허정숙·김단야 등 이듬해인 1925년에 결성될 조선공산당의 핵심들이 조선일보와 동아일보에 진을 치고 있었다.

권오설은 농민만이 아니라 노동자 조직에도 힘써 경성의 인쇄직공조합과 철공조합 등 노동조합 결성을 주도한다. 양말직공, 고무직공, 양화직공의 파업도 이끌었다. 이때 만난 인쇄직공조합 간부들은 2년 후 권오설이 주도한 6·10만세운동의 인쇄 담당으로 활동한다.

1925년이 되면서 권오설은 더욱 바빠져 전국 곳곳을 누비고 다녔다. 1월 7일 오후 7시에는 안동군 안동면 율세동에서 열린 사회단체와 지역 유지들의 간친회에 참석해 화요회의 안동지부격인 화성회를 조직하자고 제안했다. 그 자리에는 다시 고향에 내려가 활동하고 있던 이준태를 비롯해 권태석, 김남수 등 안동 출신 운동가들도 참석했는데, 다음 날 오전 11시 금남여관에 20여 명이 모여 화성회 창립총회를 열었다.

집행위원으로는 이준태·김남수·김원진·안상길·남동환·이상봉·이회승·김지현·김중학 등 9명을 선출했다. 오후 2시에 속개된 집행위원회는 김상수·김원진·안상길 등 3명을 상무위원으로 지명하고 1주일 후 안동에서 강연회를 개최하기로 결정한다.

1월 15일에 열린 강연에는 김남수·이준태·김원진·권오설이 연사로 나섰는데, 권오설은 1919년 독일의 사회민주당 정권에 의해 비참하게 살해된 혁명가 카를 리프크네히트와 로자 룩셈부르크의 생애와 사상에 관해 강연하였다.

이런 활발한 대중운동의 이면에서 조선공산당 창당 작업이 진행되고 있었다. 공산당 결성은 극비리에 진행되어 일본 경찰은 전혀 눈치채지 못하고 있었다. 문제는 사회주의운동 내부에 있었는데, 화요파와 서울파의 고질적인 대립이었다.

1924년 4월 이후 국내의 사회주의 대중운동은 주로 조선노농총동맹과 조선청년총동맹을 통해 전개되고 있었다. 조선노농총동맹은 권오설 등 집행부의 대다수가 화요회 계열 아니면 북풍회 계열이어서 '꼬르뷰로(高麗局)'라 부르던 꼬민테른 고려총국의 국내부가 주도하는 조선공산당 건설의 핵심 역할을 했다.

이에 서울파가 다수를 차지하고 있는 조선청년총동맹은 꼬르뷰로의 활동을 경계하며 독자적인 활동을 고수했다. 서울파는 대부분 국내에서 활동해 온 이들로 구성되어 있어 일본 유학파나 꼬민테른에서 임무를 부여받고 돌아온 해외파에게 배타적이었다. 꼬르뷰로 국내부 책임비서 김재봉은 화요회파요, 북풍회의 지도자인 김약수도 같은 꼬르뷰로 국내부 간부라는 점에서 처음부터 서울파의 감정적 반발에 부딪힐 수밖에 없었다.

특히 북풍회는 회원 전원이 일본 유학파로서, 세계의 공산당과 공산주의자는 하나라는 꼬민테른의 원칙에 따라 일본의 사회주의 단체들과도 연합해야 한다는 입장이었다. 박헌영, 조봉암, 김단야 등 모스크바에서 공부하고 온 화요회의 핵심들도 세계의 공산주의자는 하나라는 입장으로, 유학 시절 일본인 공산주의자들과도 친하게 지냈다. 서울파와는 생리적으로 맞을 수가 없었다.

이영, 김사국이 이끄는 서울파는 끝내 고려총국의 조선공산당 건설에 불참했을 뿐 아니라 고려총국보다 먼저 자신들만의 조선공산당을 결성했다. 1924년 10월이었다. 책임비서 김사국, 선전통신부 이영, 청년부 이정윤이 핵심이었다.

일명 '서울파 조선공산당'이라 불리는 이 당은 꼬민테른에 사전 보고를 한 적도 없고 승인 절차도 밟지 않았기 때문에 꼬민테른은 그들의 존재 자체도 모르고 있었다. 애초에 독립된 공산당 활동을 주장해 온 서울파가 꼬민테른의 허가를 받거나 등록할 이유가 없었다. 설사 꼬민테른에 승인 요청을 했더라도 이미 꼬르뷰로에 전권을 준 꼬민테른으로서는 서울파 조선공산당을 인정하지 않았을 것이다.

서울파는, 이듬해 4월 꼬르뷰로 국내부가 정식으로 조선공산당을 결성하자, 자파의 대표들을 모스크바로 보내 자신들이 먼저 공산당을 결성했다고 주장했다. 그러나 꼬민테른은 이를 받아들이지 않고 오히려 분파주의를 버리고 당장 해산하라고 명령한다. 하지만 서울파는 공산당 활동의 주도권이 화요회에 넘어간 후에도 해산하지 않고 독자적인 활동을 계속한다.

화요파가 항일운동기 공산주의운동과 해방 직후의 조선공산당 재건을 주도한 이유 중 하나는 전투성 때문이었다. 서울파는 지도자 이영 등 소수를 제외하고는 대부분 일본 식민지 말기 엄혹한 시기를 넘기지 못하고 운동에서 이탈하거나 투항한 반면, 화요파는 다수가 해방까지 투쟁현장 아니면 감옥에 남아 있었다. 화요회 계열은 아니었으나 조선공산당 3차 집행부를 맡은 김철수는 자서전에 "일제 말기 감옥에 갇혀 있으려니 서울파는 없고 전부 화요파만 구속되어 들어오더라"고 쓴다.

고려총국 국내부는 1924년 말까지 경성에 8개, 지방에 10개의 야체이카(세포)를 소식하고 130명의 당원 및 고려공칭 회원을 확보했다. 당원들은 한 개인이 아니라 각자 공장과 농촌, 학교 내에 뿌리를 내리고 있어 실제 영향력은 훨씬 컸다.

1925년 2월부터는 상황이 보다 긴박하게 돌아갔다. 4월 17일로 내정된 조선공산당 창당에 맞춰 모든 역량이 집중되어야 했기 때문이다.

당시 일본을 포함한 제국주의 열강의 정부들은 사회주의 확산에 초긴장하고 있었다. 1917년 러시아혁명에 맞서 볼셰비키 혁명군을 분쇄하기 위해 군대까지 파견했다가 패퇴했던 그들이었다. 일본의 식민지 조선에서의 공산당 결성은 지금까지의 공개 대중단체와는 비교할 수 없는 극렬한 탄압을 불러올 것이었다. 조선공산당은 결성 자체부터 당원 명단과 활동을 모두 철저히 비밀에 붙여야 했다.

꼬르뷰로 국내부는 내부적으로는 조선공산당 창당을 조직하면서 표면적으로는 대규모 대중행사를 열어 경찰의 관심을 돌리기로 했는데, 전조선민중운동자대회가 그것이었다. 이에 따라 2월 19일 자 동아일보에 전조선민중운동자대회의 취지 및 준비위원 명단을 발표했다.

우리는 역사의 필연을 발견하였다. 따라서 역사의 필연이 낳은 민중의 대중적 행동과 창조력의 무한대를 확신한다. 그리고 그것이 민중으로 하여금 이상(理想)의 피안(彼岸)에 이르게 하는 것임을 밝히 간파하였다. 수(數)의 소유자는 민중인 동시에 언제든지 민중을 떠나서는 운동의 실현이 없는 것이다. 이에 조선의 민중운동도 점차 발달하여 민중화하려 한다. 그러나 종래 이 운동을 위한 회합은 부분적이었고 운동 각 방면을 망라한 전조선적 대회는 없었다. 그러므로 전조선운동의 조직적 통일과 근본방침을 토의코자 사상, 농민, 노동, 청년, 형평, 여성 등 각 운동단체의 대표로서 전조선민중운동자 대회를 개최코자 하노라.

각 지역을 대표하는 70명의 준비위원 중 권오설은 김재봉과 함께 경성 대표로 들어갔고 이준태는 안동 대표에 들어갔다. 대회는 4월 19일로 결정했다. 조선공산당 창당일보다 이틀 늦게 여는 이유는 경찰이 대회를 감시하느라 부산한 사이에 당 결성식을 치르려는 계산이었다.

전조선민중운동자대회가 발표되자 서울파는 이번에도 반대하고 나섰다. 화요파가 운동의 주도권을 쥐는 데 대한 우려였을 것이다. 서울파는 여러 경로를 통해 대회를 열지 못하도록 방해했고 신문들은 연일 이 격돌을 보도하고 나섰다. 일본 경찰은 사회운동 내부의 격한 대립을 만족스럽게 관망했다.

양자의 대립은 민중대회의 성사 여부가 불투명해 보일 정도로 복잡한 양상을 띠었다. 하지만 꼬르뷰로 국내부는 이에 개의치 않고 극비리에 준비해 나갔다. 오히려 온 나라의 사회운동가들 사이에 떠들썩하게 벌어지고 있는 논쟁이 경찰의 관심을 끌고 있는 점을 잘 활용하고 있었다. 화요파 성원들은 서울파에 비해 한결 치밀한 사람들이었던 듯하다.

공산당 준비 세력은 1925년 4월 15일부터 3일간 경성에서 조선기자대회를 열기로 했다. 한글로 발행되는 신문과 잡지의 기자들로 조직된 무명회가 소집자로 나섰다. 이 역시 경찰의 감시를 따돌리기 위한 전술이었다. 지도부의 다수를 차지하고 있는 신문기자들도 이 대회를 대서특필해 경찰의 관심을 돌렸다. 특히 동아일보의 표제는 요란했다.

군용(軍容)을 정제한 조선의 필진, 억압된 언론계에 활약의 제1보, 죽어가는 조선을 붓으로 그려 보자! 거듭나는 조선을 붓으로 채질하자! 이리하기에 걸음을 같이하려고 모인 개막된 조선기자대회!

선동적인 표제 아래 쓴 기사의 내용이다.

조선인 신문, 잡지기자로 조직된 무명회의 발의와 각 관계 방면의 응원으로 계획된 조선기자대회는 누누이 보도하여 온 바와 같이 기자대회 준비회의 비상한 활동과 과대한 노력으로 모든 준비가 착착 진행되어 드디어 금(今) 15일로서 대회의 첫 막을 열게 되어, 전 조선에 흩어져 있는 가지가지의 필봉은 때를 같이하고 뜻을 같이하고 힘을 뭉치고 걸음을 가지런히 하여 조선의 중앙 경성에 모이게 되었다.

대회 시간은 4월 15일 오전 10시, 장소는 종로구 경운동 천도교 중앙대교당이었다. 당일까지 대회에 참석하겠다고 접수한 기자는 전국에서 723명이나 되었는데 여성은 조선일보 최은희 등 5명이었다.

기자대회는 494명이 참석한 가운데 예정대로 진행되었다. 첫 날은 평범하게 진행되었고, 둘째 날은 중요 안건 토론으로 파벌 사이의 언쟁이 벌어졌으나 크게 확산되지 않고 끝났다. 그런데 마지막 날인 4월 17일 동대문 밖 상춘정에서 열린 간담회는 민족주의 계열 기자들과 사회주의 계열 기자들 사이에 심한 언쟁으로 상당히 시끄러웠다.

배석한 일본 경찰은 이 과정을 모두 지켜보고 있었으나 한국인들의 고질적인 분열주의 민족성으로 간주하고 실제로 그렇게 보고한다. 공산당 준비자들에게 완전히 속아 넘어간 것이다. 이날 간담회에서 동아일보 간부들은 민족 진영을 대변하고, 조선일보 기자들은 급진적 개혁주의자인 양 서로 심하게 언쟁을 벌였는데, 이 모든 과정이 공산당 준비자들이 기획한 연막전술이었다.

경찰의 관심이 상춘정 기자대회의 언쟁에 쏠려 있던 바로 그 시각, 경성시내 한복판에 자리잡은 아서원에서는 조선공산당 결성식이 극비리에 진행되고 있었다.

4
아서원의 결의

권오설 평전

1925년 4월 17일 오후 1시, 지금의 서울시 중구 을지로 롯데호텔 본점 자리에 있었던 대형 중국집 아서원 2층에서 한 무리의 손님들이 술과 음식을 나누며 연회를 시작했다. 김재봉·김찬·조봉암·김약수·주종건·정운해 등이 주도한 조선공산당 창당대회였다. 참가 인원은 기록에 따라 조금씩 다른데, 18명 전후였던 듯하다. 언제 경찰이 들이닥칠지 모르는 상황이라 회의는 빠르게 진행되었다. 먼저 김재봉이 개회 선언을 하고, 사회자 김약수가 발언한다.

"조선에서 사상단체 운동의 역사는 몇 년도 안 되었지만 그 양은 대단히 많아졌습니다. 그렇지만 아직도 질서 있는 운동이 이뤄지지 않고 있으므로 보다 나은 방법을 모색하려고 우리가 여기 모인 것입니다. 또한 국외에 흩어져 있는 운동가들에 대한 대책을 협의하기 위해 모였습니다."

다음으로 김재봉이 일어나 말했다.

"조선 내에서의 사상운동은 날이 갈수록 복잡해지고 있으므로 이를 이끌어 갈 단체를 조직해야만 합니다. 전 조선에서 일어나는 사상단체를 인도하고자 우리가 모인 것입니다."

뒤따라 김찬이 일어나 제안했다.

"방금 김재봉 동지가 말한 것처럼 결사를 조직해야겠는데 그 명칭은 조선공산당이라고 명명하는 게 어떻겠습니까?"

사전에 이미 약속된 내용을 형식적으로 재확인하는 것은 공산당 결성식 회의록을 작성해서 꼬민테른에 보내야 하기 때문이었다. 김찬의 제안에 전원 찬성함으로써 마침내 조선공산당이 결성되었다. 1921년에 결성된 중국공산당과 1922년에 결성된 일본공산당에 이어 조선공산당이 결성됨으로써 동북아 세 나라에 모두 공산당이 만들어졌다.

참석자들은 김찬·조동호·조봉암을 전형위원으로 선출해 간부를 뽑도록 했고 전형위원들은 사전에 약속한 대로 즉석에서 중앙집행위원 7명과 중앙검사위원 3명을 선정하되 명단은 공개하지 않고 본인에게만 비밀리에 통지하기로 했다. 사전에 약속된 중앙집행위원은 김약수·김찬·유진희·주종건·조동호·정운해·김재봉이었고, 중앙검사위원회는 윤덕병·조봉암·송봉우였다.

창당대회는 종업원들과 경찰의 주목을 피하기 위해 여기까지만 진행하였고, 당 규약과 강령, 부서 및 담당자는 추후에 중앙위원회에서 결정하기로 하고 일반 연회처럼 술과 음식을 나누다가 4시에 해산한다.

다음 날인 18일에는 가회동에 있던 김찬의 은거지에 집합해 1차 중앙위원회를 개최했다. 이 회의에서는 책임비서로 김재봉을 선출하고 조직부 김찬, 정경부 유진희, 인사부 김약수, 조사부 주종건, 선전부 조동호, 노농부 정운해를 책임자로 임명했다.

결성식에서 약속한 대로 이날 중앙위원회에서는 당 규약과 강령이 토론 주제로 올라왔으나 좀처럼 의견 일치가 이뤄지지 않았다. 김약수의 반발 때문이었다. 북풍회 출신 김약수는 당의 다수파를 구성한 화요파가 무슨 일이든 자기들끼리 따로 결정해 자신을 들러리로 세운다는 강박관념을 갖고 있어서 제대로 토론이 진행되지 않았다. 결국 1차 중앙위원회는 규약과 강령을 통과시키지 못했고 4월 하순에 열린 2차 중앙위원회에서도 어떤 합의도 이뤄내지 못힌다.

한편, 1차 중앙위원회가 열리고 있던 4월 18일, 경성 종로 훈정농 4번지 박헌영의 집에서는 또 다른 결성식이 열렸다. 고려공산청년회 결성식이었다. 공산당 조직은 통상 당과 청년회로 구성되었다. 공산당은 청년조직을 별도로 조직해 전략적 자원으로 삼아야 한다는 꼬민테른의 지침에 따른 것이었다.

이 고려공청 결성식은 박헌영·권오설·임원근·김단야가 주도했는데, 전날 조선공산당 창당식에도 참석했던 김찬, 조봉암 등과 여성운동의 지도자로서 박헌영의 아내이기도 한 주세죽 등이 참석했다. 주요 인물의 소속 단체나 직업으로 보면 박헌영과 임원근은 동아일보 기자, 김단야는 조선일보 기자, 권오설은 조선노농총동맹, 조봉암과 김찬은 신흥청년동맹, 주세죽은 여성동우회 소속이었다.

고려공청 책임비서에는 박헌영이 선출되었다. 권오설은 임원근·김단야·김찬·홍증식·조봉암·박헌영과 함께 중앙집행위원으로 선출되어 조직부를 담당했다. 후일 경찰 조사에서 권오설은 고려공청의 부서 및 기능에 대해 이런 요지로 진술한다.

"공청 결성 당시의 중앙집행위 부서는 비서부, 조직부, 선전부 세 부였다. 비서부는 일반 서무를 관장하였고, 조직부는 사회현상 조사 및 다른 단체에 프락치야로 들어가서 그 단체원을 공청으로 유인, 가입시키는 일을 관장하였다. 선전부는 예비적 공산당원을 양성하고 공산주의 사상의 선전을 관장하였다. 각 부에 배치된 간부는 중앙집행위원 7명 가운데 박헌영과 김단야는 비서부, 나와 홍증식은 조직부, 임원근·조봉암·김동명은 선전부였다."

경찰 조서는 피의자가 말하는 그대로 작성되는 게 원칙이지만, 진술 내용이 복잡하거나 피의자가 진술을 거부하거나 거짓말을 하는 경우에는 경찰이 미리 일목요연하게 써놓은 후에 피의자에게 불러주고 인정하라고 요구하는 경우가 많았다. 조선공산당 관련 조서들도 대체로 그렇게 작성된 것으로 보인다. 박헌영은 1925년 12월 4일의 경찰 조서에서 고려공청 결성 목표에 대해 이렇게 말한다.

"공산청년회는 비밀리에 조직한 것으로서 그 주의와 강령은 현재의 자본제도 곧 사유재산제도를 부인하고 현재의 노농러시아적 단체를 조직하려는 데 있다. 환언하면 역사적 사회 진화의 법칙에 따라 자본주의제도, 곧 개인주의 경제조직은 그 내재하는 모순과 결함에 따라 필연적으로 붕괴되고 이에 대체하여 사회주의적 경제조직 곧 만인의 생활을 사회에서 보장하는 경제제도가 생겨날 것이다."

5월 27일 당 중앙집행위원회는 국제당 곧 꼬민테른에 파견할 전권대표의 위임장을 발급했다. 전권위원은 조동호로 정해졌으며, 위임장의 내용은 "장차 모스크바에서 개최하는 제3국제공산당 대표회에 조선공산당을 대표하여 출석케 하고 그 회에 대한 일체의 권리를 위임한다"는 것이었다. 전권대표의 보좌로는 고려공청을 대표한 조봉암을 지명했다.

조동호는 1892년 충북 옥천 출생으로, 중국으로 망명해 난징(南京) 진링대학(金陵大學)을 나와 1919년 임시정부 수립에 참여하고 이르쿠츠크파 고려공산당 책임비서를 역임한 원로 지도자였다. 국내에 돌아온 후에는 동아일보 논설위원으로 일하며 조선공산당 결성을 주도했다. 그는 창립대회 준비위원회 위원장으로 대회 석상에서는 서기 책임을 맡았고 7명의 중앙집행위원 중 한 명으로 선출된 인물이었다.

박철환이라는 가명으로 활동하던 조봉암은 1899년 강화도의 빈농 출생으로 3·1운동에 가담해 1년의 감옥살이를 시작으로 독립운동에 투신한 인물이었다. 일본에 건너가 고학하면서 공산주의를 수용한 그는 1923년 모스크바 동방노력자대학에 입학해 수학 중 9월에 고려공청 중앙총국 전권대리 자격으로 귀국, 1924년 권오설과 함께 조선노농총동맹을 결성하는 등 맹렬히 활동해 온 인물이었다. 조선공산당 창립대회에 고려공청을 대표해서 출석한 그는 4월 21일에 열린 고려공청 중앙집행위원회에서 국제공산청년회에 보내는 대표로 선발되어 조선공산당을 대표한 조동호의 보좌역으로 모스크바에 함께 간다.

모스크바에 밀사까지 파견했음에도 조선공산당 내부 갈등은 여전했다. 서울파의 방해 속에 어렵게 출범한 조선공산당은 창당 후에도 김약수를 중심으로 한 북풍회 출신들이 화요회의 전횡에 대해 거듭 불만을 제기하면서 회의 자체가 진행되지 않을 정도로 골치를 앓았다.

결국 당 중앙은 1925년 10월 16일 자로 북풍회에 대한 제명을 결정했다. 힘을 합쳐 창당한 지 불과 6개월만이었다. 김약수는 경찰 조서에서 자신이 제명되었다는 사실은 숨긴 채, 10월 20일 자진해서 당을 탈당했다고 진술하며 당내 갈등을 숨기지 않고 다른 사람들을 비난한다.

"당시 경성의 사상 체제는 서울청년회, 북풍회, 화요회 세 개로 분립되어 있었는데, 화요회는 내가 장악하고 있는 북풍회를 서울청년회와 대항시키기 위해 자당으로 끌어 넣어 가지고는 표면의 사실만을 알리는 데 그치면서 당 조직 뒤로는 마치 인형과 같이 나를 일종의 장식물로 다루면서 비밀에 속하는 일은 전부 화요회에 속하는 자들만이 처리했다.”

화요회 출신들이 미리 모여 의견을 통일한 후 북풍회 출신들은 형식적으로 참가시킨다는 취지의 주장이었다. 그러나 어떻게 회의를 운영하더라도 자신들의 뜻을 관철시킬 수 있는 다수파가 굳이 사전에 모여 의견을 통일할 필요는 없었을 것이다. 회의에서 화요회 출신들은 의견이 비슷하니 의견이 다른 소수파인 김약수 측이 밀릴 수밖에 없고, 김약수는 이를 두고 화요회가 사전에 결정하고 왔다고 의심했을 가망이 높아 보인다. 조선공산당만이 아니라 다수파와 소수파가 연합한 조직에서 소수파에 의해 흔히 제기되는 음모론적인 주장이기도 하다.

조선공산당 중앙집행위원회와 달리 고려공청 중앙의 결속력은 높았고, 효과적으로 활발한 활동을 벌일 수 있었다. 중앙집행위원 7명 전원이 화요회 출신인 동시에 고려총국 국내부 소속이었기 때문이다.

박헌영은 책임비서로서 임무를 잘 수행했고 해외와의 연락을 담당한 김단야와 공산당과 고려공청 사이의 유기적인 관계를 담당한 김찬, 선전교양을 담당한 임원근, 조직을 담당한 권오설, 조사부를 담당한 홍증식 등이 제각기 자기 역할을 잘 수행했다. 모두가 20대 중후반의 젊은 혁명가라 간혹 소영웅심이 부딪혀 갈등을 일으키기도 했으나 각자 소속된 조직에서 인성과 능력을 검증받은 활동가들이었다. 어떤 사회주의 단체보다도 호흡이 잘 맞았고 동지적인 애정이 돈독했다.

1925년 5월 경성을 출발해 상하이를 거쳐 6월에 모스크바에 도착한 조동호와 조봉암은 서울파에서 뒤따라 보낸 반대자들의 방해와 비난 공세에도 꼬민테른으로부터 9월 결정서를 이끌어 내 조선공산당과 고려공청에 대한 사실상의 승인을 얻어냈다.

꼬민테른은 또한 조봉암의 요청에 따라 한국의 청년운동가들을 모스크바에 있는 동방노력자공산대학에 입학할 수 있도록 했다. 꼬민테른이 식민지 민족해방운동을 지원하기 위해 1921년에 세운 동방노력자공산대학은 학비가 무료일 뿐 아니라 매월 적지 않은 월급까지 받을 수 있었다. 꼬민테른은 학생들이 모스크바까지 오는 여행 경비까지 제공했다.

항일운동이 워낙 위험하고 극비리에 이뤄지다 보니 가장 믿을 수 있는 가까운 사람들부터 조직하는 게 일반적이었다. 공산주의 계열만이 아니라 민족주의 계열도 한 집안 형제와 가족이 함께 항일운동에 동참하는 일이 흔했다.

고려공청 집행위원회는 모스크바에 보낼 1차 유학생 21명

을 선발했는데, 그중에는 중앙집행위원들의 아내나 동생이
여러 명 있었다. 박헌영의 아내 주세죽, 김형선의 여동생 김
명시, 조봉암의 아내 김조이와 남동생 조용암, 김단야의 아
내 고명자, 권오설의 작은동생 권오직 등이었다. 친족이거나
여성이라서 우선권을 준 것이 아니라 그들도 각자 영역에서
활발히 활동하고 있던 운동가들이었다. 특히 권오직은 모스
크바에서 자금을 받아온 조봉암이 머물던 상하이를 오가며
1,850엔의 여비를 받아오고 학생들을 상하이까지 무사히 데
려다주는 역할까지 잘 수행한다.

비밀 전위조직인 고려공청의 가장 중요한 작업은 대중 속
에 뿌리내리는 일이었다. 이는 합법적인 공개단체인 조선노
농총동맹과 조선청년총동맹을 통해 이뤄졌다.

고려공청은 조선청년총동맹의 하부조직을 전국의 군·면
까지 확대하고 각 단위 내부에 세포조직을 만드는 일에 주력
해 1925년 연말까지 27개 군에 군청년동맹을 조직하고 그
내부에 야체이카를 구성했다. 만주에도 12개의 야체이카를
조직해 만주청년총동맹을 결성한다.

한편, 조선노농총동맹은 신문에 보도가 나지 않는 날이 없
을 정도로 국내 민중운동의 구심점 역할을 하고 있었는데,
여러 중앙위원 중에도 단연 권오설의 활약이 두드러졌다.

5

민중의 벗

소설 평전

권오설 평전

1925년 여름, 한반도는 큰 물난리를 겪었다. 을축년 대홍수였다. 제방이 없던 시대라 한강, 낙동강, 금강 등 주요 하천변은 큰비가 올 때마다 물에 잠겨서 막대한 피해를 입고 있었다. 그해 여름에도 7월부터 9월까지 네 차례나 감당 못 할 폭우가 쏟아져 전국이 물난리를 겪었는데, 특히 경성에 내린 두 차례의 폭우 피해가 컸다. 평소 2, 3미터이던 한강 수위가 10미터까지 상승해 청계천, 용산, 마포, 왕십리 등 저지대가 모두 물에 잠기고 4만 명이 넘는 이재민이 생겼다. 경성 인구가 수십 만에 불과하던 시절이니 엄청난 수였다.

사회주의 계열의 사회단체들은 구제활동에 모든 역량을 집중했다. 권오설이 이끄는 조선노농총동맹을 비롯해 조선여성동맹, 경성여자동맹 등 사회단체 대표 70여 명은 처음 경성에 물난리가 났을 때부터 청계천변 수표정(지금의 수표동)에 마련한 조선기근구조회 본부에 모여 역할을 나누고, 식료품 및 식사 공급, 의료구호반 조직, 동정금 모금 등 광범위한 지원에 나섰다.

단체 대표들은 경성을 세 구역으로 나누어 각 10명씩 파견해 구제활동에 들어갔다. 동막이라 부르던 마포구 대흥동 일대에는 권오설·박래원·김창준·박달성·허익환·민창식 등을 파견했고, 왕십리 지역은 김장현·권태휘·이충모 등이, 경성역 일대에는 송봉우·마명·김연진·허정숙·정봉·김조이 등이 배치되었다. 또한 이와 별도로 3개 조로 구성한 모금반이 시내를 순회하며 동정 금품을 모집해 이재민들에게 전달했다.

구제활동에는 여성단체도 총출동했다. 조선여성동우회와 경성여자총동맹 소속 여성운동가들이 경성역 방면에서 의연금을 거두어 이재민에게 식사를 공급했는데, 조선공산당과 고려공청 당원인 허정숙·김조이·고명자를 비롯해 정봉·박영해·권일용·이윤남·문영희·김수월·함금숙 등이 맹렬히 활동했다.

사회단체들이 한창 수재민 구제에 전력을 쏟고 있던 8월 초에는 경성시내 대동인쇄소의 문선공들이 파업농성에 들어가 연일 신문에 보도되었다.

신문이나 책을 만들려면 해당 글자가 새겨진 활자를 하나씩 골라내 조판을 해서 인쇄하던 시절이었다. 활자를 골라내 활판에 안착시키는 노동자를 문선공이라 했는데, 숙련공은 거의 초당 한 개씩 활자를 골라냈다.

대형 인쇄소였던 대동인쇄소의 문선공 36명이 관수동에 있는 인쇄직공청년동맹회관에 찾아가 동맹파업과 동시에 단식투쟁에 들어간 것은 1925년 8월 11일이었다. 대동인쇄소 문선공은 대부분 어린 소년이어서 신문들은 '소년공 동정파업'이라는 제목으로 보도했다.

소년 문선공들이 처우 개선 등 4개 항을 요구하며 파업농성에 들어가자 활자를 제작하는 부서인 주조과에서도 25명의 노동자가 문선공들을 지지하며 회사에 해결책을 요구했다. 회사가 이에 답하지 않자 그중 10명은 관수동 인쇄직공청년동맹을 찾아가 파업에 동참했다.

관수동에 모인 노동자 중 20여 명은 견지동에 있는 조선노농총동맹회관으로 이동해 집행위원 권오설을 면담했다. 권오설은 이들이 회관에서 농성을 이어갈 수 있도록 필요한 물품을 대주고 공동으로 대책을 상의했다.

비상이 걸린 종로경찰서 형사들이 두 군데 농성장 주변에 진을 치고 출입자들을 연행해 조사하거나 농성장에 들어가 동정을 살피는 등 엄중한 분위기를 조성하는 가운데 다음 날 아침까지 6명의 노동자가 경찰서에 끌려가 조사를 받았다.

단식농성 2일째, 회사 간부가 농성장에 찾아와 4개 요구안 중 상여금 조건은 받아들일 테니 나머지는 2개월 후에 결정하자고 제안했으나 노동자들은 반발하며 단식농성을 계속했다. 권오설이 이들을 대변해 회사에 찾아가 노동자들의 요구를 수용해 달라고 요청했으나 회사는 냉담했다. 회사 측은 요즘은 일감이 부족해 직공을 많이 쓸 필요도 없고, 더군다나 그렇게 불온한 직공은 쓸 수가 없다는 답만 되풀이했다.

권오설은 이때 긴급히 지방 출장을 다녀오게 되었는데, 다녀온 뒤에도 단식농성이 계속되자 설렁탕을 주문해 놓고 노동자들을 설득해 밥을 먹도록 한다.

문선공 단식농성의 와중에도 권오설이 급히 지방 출장을 다녀온 이유는 8월 9일 경북 예천에서 3,000여 명의 군중이 백정 단체인 형평사 사무실을 파괴하고 회원들을 폭행하는 사태가 벌어졌기 때문이다.

조선시대부터 최하층 천민으로 천대받던 백정은 식민지가 되고서도 여전히 멸시와 차별의 대상이었다. 신분제는 공식적으로 사라졌으나, 일본은 백정 이름에 붉은 점을 찍거나 도축업자란 뜻으로 '도한(屠漢)'이라 부기해 놓아 누구나 출신을 알아볼 수 있게 했다.

1923년 4월, 양반 출신 사회운동가들과 백정 출신 지식인들이 모여 형평사를 결성하고 계급 타파와 백정 호칭 철폐를 목표로 활동하자 각 지방의 양반 유림은 물론 평민들까지 대대적으로 반발하고 나섰다. 유교 전통을 파괴한다는 이유였다.

형평사 사무실과 활동가들은 지방 곳곳에서 지역민들의 공격을 받았다. 일본인들에게 나라를 빼앗겼을 때도, 일본 관헌들이 거들먹거리며 돌아다니고 길 가는 사람을 잡아다가 때려도 반항 한 번 않고 온순하기만 했던 이들이 같은 민족의 하층민에 대해서는 욕설과 투석과 구타를 서슴지 않았다.

1923년 5월 13일에는 진주 지방의 농민 2,500여 명이 형평사 본부를 습격하는 등 폭행사건은 전국적으로 일어났다. '백정은 신분을 표시하는 모자인 평량립을 쓸 것', '백정의 자녀들은 학교에 입학시키지 말 것'을 주장하는 반형평운동은 전국적으로 번졌고, 백정에 대한 폭행과 백정 자녀의 등교 거부가 벌어졌다. 심지어 음식점에서 중국인이 백정을 폭행하자 주민들이 같은 민족이 아닌 중국인에게 동조해 폭행에 가담한 사건도 벌어졌다.

예천 사건도 그중 하나였다. 형평사를 조직했다는 이유로 3,000여 명이나 되는 주빈이 형평사에 몰려가 사무실을 파괴하고 활동가들을 집단 구타해 마을 밖으로 쫓아내 버린 이 사건은 민족주의 계열이든 사회주의 계열이든 조선의 현실을 바꿔보려 애쓰던 사회운동가들을 공분케 했다.

소식이 알려진 즉시, 조선노농총동맹 등 23개 사회단체와 노동단체, 청년단체가 대책에 나섰다. 8월 19일 오후 3시에는 엄청난 폭우가 쏟아지는 가운데 23개 단체 회원 50여 명이 경성 종로구 재동의 네 단체 합동위원회 회관에 모였다.

권오설의 개회 선언으로 시작한 회의는 임시의장으로 선출된 서정희의 주도 아래 진행되었는데, 문장력 좋은 권오설이 3명의 결의문 작성 위원에 선출되어 즉석에서 결의문을 작성했다. 이번 사건으로 희생된 동지를 위문하고 시민의 반성을 촉구한다는 내용이었다.

우리는 금번 예천 형평분사 습격사건에 대하여 이것은 우리 사회운동의 일부 진영이 반동분자의 손에 유린된 것으로 인식하고 이에 분기하여 아래 각 항을 실행하여 형평운동을 철저히 옹호하기로 결의함
1. 금번 사건에 희생된 동지를 위문하고 시민의 반성을 촉구하기 위하여 대표 2인을 파견할 것
1. 금번 사건은 대중의 형평운동의 근본적인 뜻을 철저히 이해치 못함으로부터 일어난 것임으로 우리는 연설회 기타 필요한 방법으로서 형평운동의 의의를 선전하기 위하여 노력할 것
1. 금번 사건의 선동자를 조사하여 사회적으로 제재할 것

결의문에 따라 부상당한 동지를 위문하고 시민의 반성을 촉구하기 위한 대표로 권오설과 박래원이 선출되었다. 두 사람은 회의가 끝난 즉시 사건현장인 예천으로 출발했다. 실행위원으로는 김찬·김약수·권오설·이석·김재봉이 선정되었는데, 이 무렵 신문에 거의 매일 등장하는 낯익은 이름들이었다. 그중에도 권오설이 가장 자주, 또 맨 앞에 나왔다.

동아일보와 조선일보는 "9월 27일 오후 3시 박순병의 사회로 신흥청년동맹 정기총회가 개최되었는데 참석자 80여 명 중 권오설·박헌영·김단야·임원근·박일병 등 5명을 교육강령 작성위원으로 선출했다"고 보도한다.

권오설이 소련의 노동자 대표 레프세 일행을 경성에 초대하기 위해 일본 오사카에 다녀왔다는 기사도 크게 보도되었다. 소련 대표 일행은 권오설의 초청에 따라 서울에 와서 조선노농총동맹과 조선기근구제회를 방문하고 이촌동, 뚝섬, 송파 등 피해지역을 시찰했다는 내용이다.

소련 대표들의 방한이 크게 보도된 이유는 조선의 대홍수 소식을 접한 소련이 국제농민동맹과 소련농민 명의로 24만 엔의 막대한 의연금을 보내왔기 때문이었다. 당시 조선총독부는 조선 내 경찰과 헌병을 유지하는 데 연 1억 엔 이상을 소모하고 있었지만, 대홍수의 피해 구제를 위해 책정한 예산은 5만 엔에 불과했다. 소련이 보내온 24만 엔은 막대한 금액이었다.

긴장한 것은 일본 정부였다. 공산주의 확산에 골치 아파하던 일본은 소련의 금전 지원에 놀라 북풍회 및 일본농민조합 앞으로 온 24만 엔을 전액 압수해 버렸다. 비록 전달되지는 않았으나 사회주의혁명 초기 소련의 위상을 잘 보여준 사건이었다.

10월 4일 오후 8시에는 지금의 태평로 경성일보사 홀에서 조선노농총동맹 주체 대강연회가 개최되었는데, 권오설은 '농민운동의 국제적 단결'이란 제목으로 강연했다. 한창 조선노농총동맹원으로 활동 중이던 1925년, 권오설이 『개벽』 6월호에 기고한 글은 대중운동에 대한 그의 입장을 잘 표현하고 있다.

운동이 격렬하여 가는 것은 결코 일부 운동가의 활동만으로 그렇게 되는 것은 아니오, 대중의 생활고가 또한 온갖 사정이 운동을 금일에 이르게 한 것이올시다. 보시오, 저 흐르는 물을! 아무리 거대한 암초가 있다고 흐르는 물이 흐르지 아니하겠습니까? 앞에 장애물이 있으면 있을수록 파세는 더욱 격앙할 것이올시다. 이후의 우리 운동은 저 흐르는 물과 같이 더욱 더욱 힘있게 진전되리라고 단언합니다.

10월 25일에는 한양청년연맹이 주최한 반기독교대강연회에 연사로 참가해 '기독교의 본질을 논하야 그의 해독을 몹시 꾸짖음'이라는 제목으로 연설한다. 같은 날 진행된 다른 이들의 연설 제목도 한글로 풀어쓰면 '대중아 속지 말아라', '기독교는 미신이다', '양의 탈을 쓴 이리의 마음 같은 기독교' 등 적대적인 표현을 쓰고 있었다. 종교 중에도 특히 기독교가 민중의 부당한 현실을 외면하고 압제에 순응케 하며 가족의 행복만을 빌게 한다는 신랄한 비판이었다.

　자극적이고 적대적인 연설 제목에서도 보이듯이, 이 시기 조선공산당에 의해 널리 행해지던 반기독교 강연회는 다분히 좌편향적인 교조주의를 보여주었다.

　개항기의 기독교는 제국주의 침략의 선봉이라는 부정적 측면과 함께, 자유와 평등을 기반으로 하는 서구 사상을 퍼뜨리는 긍정적 측면도 가지고 있었다. 기독교 재단이 세운 여러 고등보통학교에서는 수많은 독립운동가들이 배출되었으며, 주시경·이상설·이회영·이동녕·안창호·김구 등을 결속시켜 준 남대문 상동교회 같은 곳도 있었다. 무엇보다도, 기독교를 믿는다고 해서 일본의 지배를 좋아하는 건 아니라는 사실이었다. 기독교인이든 지주이든 일본인들에 대한 반감은 깊었다. 이들을 적으로 돌려버리는 것은 민족해방투쟁에 아무런 도움이 되지 못했다.

　이러한 기독교의 긍정적 측면을 무시하고 종교는 민중의 아편이라는 공산주의 원론에 따라 기독교를 타도해야 할 적으로 규정하고 맹공격한 것은 좌편향적 오류가 분명했다.

　꼬민테른도 1925년 11월 9일, 조선공산당의 이러한 오류를 지적하는 서신을 보내왔다. 조선공산당은 소비에트 정권의 슬로건이 아니라 민주공화국을 지향함으로써 광범위한 노동자, 농민 대중을 결집하라고 요구한다. 이를 바탕으로 민족통일전선 기관을 설립하라고 권하면서, 국민당과 국공합작을 이룬 중국공산당을 눈여겨보라고 예시까지 한다.

이 서신에 따라 조선공산당은 노선를 바꿔 종교에 대한 공격을 멈추고 좌우합작의 최대 규모 항일조직인 신간회를 결성하는 등 유연한 활동에 들어갔다. 이듬해인 1926년 권오설이 민족주의 세력인 천도교와 손잡고 6·10만세운동을 일으킨 것도 그 일환이라 할 수 있었다.

꼬민테른의 노선도 자주 흔들렸다. 조선공산당, 곧 화요파의 좌편향을 비판했던 꼬민테른은 스탈린이 집권한 1928년부터 갑자기 극좌노선으로 선회, 민족주의 세력과의 협력을 파기하고 계급투쟁에 집중했다. 이에 따라 사회주의자들이 최대의 반일단체인 신간회를 자진 해산하고 만다. 이는 국내 항일운동에 큰 역량 손실을 가져온다. 그러다 1935년 인민전선 노선으로 급선회하더니 2차 세계대전이 한창이던 1943년에는 연합국과의 협력을 위해 스스로를 해체해 버린다. 조선공산당은 1945년 전쟁이 끝났을 때도 이 노선에 따라 미국을 환영하고 좌우합작의 민족주의민족전선과 인민공화국의 결성을 주도했다. 이때 서울파는 즉각적인 프롤레타리아 정권 수립을 주장하며 조선공산당을 맹비난했으나 북한 역시 인민전선 노선을 따르고 있었다.

부단히 변화하는 사회를 관통하는 완전하고 지속적인 노선이란 있을 수 없다. 끝없는 시행착오를 겪으면서도 조선공산당의 활동은 나날이 확대되고 발전했다. 하지만 일본 경찰은 아서원의 결의 이후 반년이 넘도록 조선공산당이 결성되었다는 사실 자체도 모르고 있었다. 일본은 1925년 5월 12일부터 사회주의자에 대한 색출과 처벌에 초점을 맞춘 치안유지법을 조선에도 시행하기 시작했음에도 바로 직전에 결성된 조선공산당과 고려공청에 대해 아무 것도 모르고 있었다.

치안유지법은 일본 본토와 식민지 조선에 사회주의운동을 탄압하기 위한 새로운 악법이었다. 이 법의 골간은 "국가 체제를 변혁하거나 사유재산제도를 부인할 목적으로 결사를 조직하거나 혹은 이에 가입한 자에 대해 10년 이하의 징역에 처한다"는 것이었다.

일본 정부는 치안유지법에 대해 현 자본주의제도를 유지하면서 공평한 분배를 주장하는 사회주의운동은 해당 사항이 없고 모든 생산수단의 공동소유를 주장하는 공산주의운동을 제재하기 위해 만들었다고 주장했다. 마치 극좌석인 운동가나 단체만 처벌하고 일반 사회운동은 처벌하지 않겠다는 뜻처럼 보이는 발언이었다.

그러나 당대 사회주의 항일운동가에게 공산주의는 떼어놓을 수 없는 궁극의 이념이었다. 민족해방운동을 통한 부르주아민주주의공화국의 건설이 1단계라면, 사회주의제도를 바탕으로 한 인민민주주의공화국이 2단계요, 사회주의가 충분히 무르익으면 언젠가는 마지막 단계인 공산주의사회가 되리라는 것이 공통의 구상이었다. 실제 대다수 운동가들의 상상력은 사적 소유와 사적 생산을 인정하되 공공성이 강화된

현실적인 사회주의에 머물러 있다 할지라도, 공동생산 공동
소유라는 공산주의의 머나먼 꿈을 부인하지는 않았다.

치안유지법은 눈에 보이는 행위만이 아니라 그가 궁극적
으로 어떤 세상을 지향하고 있는가도 처벌할 수 있는 법률
이었다. 따라서 1920년대 들어와 본격화된 사회주의 계열의
대중운동과 전위운동 모두를 처벌할 수 있었다.

당시 천도교단에서 발행하던 잡지 『개벽』은 1925년 6월,
‘치안유지법의 실시와 금후의 조선사회운동’이라는 제목 아
래 권오설·이영·김찬·조봉암 등에게 설문조사를 하는데, 권
오설은 질문 조항마다 힘차게 답한다. 먼저 치안유지법이 조
선의 사회운동에 어떤 영향을 미치겠느냐는 첫 번째 질문에
권오설은 답한다.

“대중이 자각함에 따라서 운동이 격렬해져 가는 것은 사회
진화의 필연적인 법칙에 기인함인데 어찌 치안유지법으로
대세를 막을 수 있겠습니까? 보시오, 저 흐르는 물을! 아무리
거대한 암초가 있다고 흐르는 물이 흐름을 멈추겠습니까? 앞
에 장애물이 있으면 있을수록 파도는 더욱 격앙할 것입니다.
우리 운동은 저 흐르는 물과 같이 더욱 더욱 힘 있게 진전되
리라고 단언합니다!”

금후 운동의 방침을 묻는 두 번째 질문에 대해서는 이렇게
답한다.

“치안유지법이 실시된다고 무슨 다른 방침이 있겠습니까?

114

원래로 노동운동이나 농민운동은 조합을 많이 조직하는 데 있고, 조합의 조직은 각각 당면 문제의 해결에 골자가 있을 것입니다. 다시 말하면, 소작료를 인하하지 않으면, 노동임금을 인상치 아니하면 도저히 생활할 수 없다는 것으로서 유일의 목표를 삼는 것이요, 결코 사유재산제도를 부인한다거나 공산주의를 실시하자는 것이 아닌 이상 치안유지법으로 말미암아 조합의 조직에 하등의 영향이 없다고 생각합니다.”

조선노농총동맹 산하 조합들이 사유재산제도를 부인하거나 공산주의를 실시하자는 것이 아닌 이상 치안유지법으로 처벌할 수 없다는 말은 본인의 공산당 활동을 숨기기 위한 위장이 아니었다. 대중운동의 기본이 되는 노동조합과 농민조합은 실제로 구성원들의 이익과 권리를 위해 모인 단체이지 사회주의혁명이나 공산주의혁명을 목적으로 모인 단체가 아니었다. 공산당원이 들어가 조합 내에 야체이카를 조직하거나 지도를 할 수는 있지만, 이는 비밀활동이었고, 설사 몇 명의 혁명가가 발각된다 해도 이를 이유로 조합 전체를 탄압할 수는 없다는 게 권오설의 입장이었다.

치안유지법으로 인해 민족주의운동가와 사회주의운동가의 관계가 어떻게 바뀌겠느냐는 세 번째 질문에 대해 권오설은 짧게 답한다.

“종래의 제령 7호는 민족운동가를 눌러왔고, 금번의 치안유지법은 사회운동가를 막 누르게 될 것인즉, 같은 압박을 받는 처지에 있어서 양 운동가는 접근하게 될 일치점이 있으리라고 생각합니다."

3·1만세운동 직후 만들어진 제령 7호는 이념과 상관없이 일본의 통치에 항거하는 모든 이들을 처벌하는 법률이었다. 민족주의자들은 제령 7호 위반으로 박해받고, 사회주의자들은 치안유지법으로 박해받게 되었으니 양대 세력은 더 긴밀해질 수 있다는 대답이었다. 같은 질문에 대한 조봉암의 답변도 일치한다. 조봉암도 치안유지법으로 인해 양대 운동은 더 밀접해지리라고 보았다.

치안유지법이 발효된 이후 국내외 항일운동가 대다수는 이 법에 의해 감옥살이를 하게 된다. 그 시작은 조선공산당이 창당된 지 8개월 만에 터진 '신의주사건'이었다.

이 사건이 터지기 전까지 조선공산당의 비밀은 철저히 지켜졌다. 연말까지 확보된 고려공청 회원은 212명, 공산당원은 178명이었다. 일반 대중운동 단체에 비하면 극소수였으나 대부분 대중단체를 이끌고 있는 지도자거나 정예 활동가였다. 이대로만 진행된다면 조선공산당 조직사업은 상당한 성과를 이룰 수 있었다. 하지만 청년당원들의 소영웅주의로 인해 우연히 발생한 사소한 문제가 전체 사업에 큰 타격을 주게 된다.

1925년 11월 22일, 한중 국경도시 신의주에서 신만청년회 회원 25명이 간친회를 열었는데, 술에 만취한 청년회원

몇이 옆방에서 일본인과 술을 마시던 친일 변호사를 구타하는 일이 벌어졌다. 이 일을 수사하던 경찰은 청년회원 하나가 붉은 완장을 차고 있었다는 제보에 주목해 가택수사를 벌였고 뜻밖의 서류를 찾아냈다. 동방노력자공산대학 유학생 21명의 신분조사서 등 경성의 박헌영이 상하이의 김단야를 거쳐 모스크바로 보내려던 조선공산당 비밀문서였다.

사건을 관할하게 된 신의주경찰서는 즉시 경성으로 형사대를 파견해 종로경찰서의 지원을 받아 박헌영 등 20여 명을 체포해 혹독한 수사에 들어갔다. 이후 수년간 국내를 떠들썩하게 만든 조선공산당사건의 서막이었다.

검거가 처음 시작된 1925년 12월부터 이듬해 9월 검사국에 사건이 송치될 때까지 검거된 인원이 120여 명, 재판에 넘어간 이가 105명이었다. 그중 박순병은 고문치사를 당하고 5명은 면소되어 99명이 기소되었는데, 이후 체포된 정운해와 배덕수가 추가되어 총 101명이 재판을 받게 된다. 재판에 넘겨진 101명 피고의 취조 기록이 무려 4만 쪽에 이르러 재판장이 이를 일독하는 데만도 4개월이 걸렸다고 한다.

권오설은 사건이 터진 직후 체포되었으나 관련 사실을 부인해 당일로 풀려날 수 있었다. 하지만 곧바로 수배령이 떨어졌고, 권오설은 경찰에 쫓기는 상태에서 조선공산당과 고려공청 집행부를 재건하는 일을 맡게 된다.

6

고려공청 책임비서

권오설 평전

●

　　　　　　　　권오설이 처음 체포된 날은 1925년 11월 30일, 이른 아침 시간이었다. 고려공청 일을 상의하기 위해 책임비서 박헌영을 찾아갔던 길이었다.

　박헌영·주세죽 부부가 세 들어 살던 집은 종로구 훈정동에 있었다. 권오설이 집 안에 들어가니 주인 부부는 없고 종로경찰서 형사 3명이 가택수색을 하고 있었다. 서로 얼굴을 아는 사이라 피할 도리가 없었다. 권오설이 곧 놀아오겠다며 현장을 벗어나려 했으나 형사들은 바로 그를 연행해 버렸다.

　권오설은 경찰서에 가서야 박헌영이 전날 밤 8시 30분에 체포되었다는 사실을 알았다. 신의주에서 신만청년회 회원들이 체포되었다는 소식을 전해 들은 박헌영이 자기 집에 보관하고 있던 비밀서류를 다른 곳으로 숨겨 놓은 직후에 체포된 것이었다.

　고려공청 집행위원 7명 중 박헌영·임원근·신철수는 이미 체포되었고, 마침 지방 출장 중이던 홍증식과 김단야는 체포 소식을 듣고 바로 잠적해 버린 상태였다. 이제 남은 고려공청 집행위원은 권오설과 김동명뿐이었다. 그러지 않아도 체포하려던 권오설이 제 발로 걸어들어온 데 신이 난 형사들은 질문을 퍼부었다.

"이른 아침에 무슨 일로 박헌영 집을 찾아갔나?"

"네 동생 권오직은 지금 어디에 있나?"

경찰은 신의주에서 압수한 모스크바 동방노력자공산대학 유학생 명단에 동생 권오직이 들어있었기 때문에 이에 대해 집중적으로 캐물었다. 본래 대담한 성격인 권오설은 위축되지 않았다. 자신이 공개적이고 대중적으로 활동하는 사람이어서 비밀활동과는 상관없으며 공산당에 대해서도 알지 못한다고 버텼다.

같은 날 연행된 허정숙도 여성 공개단체인 조선여성동우회를 앞세워 비밀활동은 모른다고 잡아뗐다. 허정숙은 1923년에 모스크바 공산대학을 수료하고 돌아온 공산당의 핵심으로, 유명한 인권변호사 허헌의 딸이기도 했다.

권오설, 허정숙 등 3명은 이날 밤늦게 풀려날 수 있었다. 경찰이 아직 전모를 파악하고 있지 못한 데다 두 단체의 간부들이며 허헌 등 변호사들이 경찰서에 몰려와 압박을 가한 덕분일 것이다.

일단 석방되었으나 연행자들에 대한 수사가 진전되면 다시 체포될 것이 분명했다. 미행을 붙이는 것도 기본이었다. 경찰을 꼬리에 달고 돌아다니는 것은 동지들을 넘겨주는 거나 마찬가지였다. 권오설은 한밤중 어둠을 이용해 미행을 따돌리고 바로 잠적해 버렸다.

예상대로, 이틀 뒤인 12월 2일, 종로경찰서 형사대는 공개적으로 권오설 체포에 나섰다. 형사들은 먼저 권오설의 사진을 들고 종로구 견지동 88번지 조선노농총동맹 사무실을 기습해 사무실에 출입하는 사람들을 대조했다. 이때 고향의 친척 동생이자 청년운동의 후배인 권태동이 연행되어 혹독한 고문을 당했다. 신흥청년동맹과 한양청년연맹의 간부로 있는 권태동이 권오설의 행방을 알 것이라 생각해서였다.

권오설에 대한 체포령만이 아니었다. 공산당과 공청 구성원들은 닥치는 대로 체포되고 있었다. 두 단체 명단에 오른 사람들의 집과 친척 집, 친구 집은 모두 수색 대상이 되었다. 인구 5,000만 명인 오늘의 한국에 경찰이 13만 넝인데 2,500만 명이던 당시 한반도에 주둔한 일본 관헌이 20만 명이 넘었으니 실로 촘촘한 그물망과 같은 감시체제였다. 시골 구석구석까지 설치된 경찰지서에서 언제든 지나는 행인을 붙잡아 구류시켜 놓고 주소지 경찰서로 전보를 보내 신원 조회를 했다.

한 달간 계속된 광범위한 추적으로 공산당과 공청 관계자 22명이 추가로 체포되었다. 연행된 공산당 간부 중에는 4명의 중앙위원이 포함되었는데, 그중에는 책임비서 김재봉도 있었다. 고려공청 중앙집행위원 중에서도 책임비서 박헌영을 포함해 4명이 체포되었다. 조선공산당과 고려공청의 두 지도자가 모두 체포된 것이다.

신의주를 거점으로 중국을 오가며 해외와의 연락을 담당했던 독고전까지 체포되어 상하이의 조봉암이나 꼬민테른과의 연락마저 끊어지게 되었다.

권오설이 제일 먼저 한 일은 독고전을 대신해 꼬민테른과의 연락을 재개하는 것이었다. 양대 조직의 집행부가 마비되었음을 알리고 새로운 집행부 구성과 새로운 연락선에 대해 상의하기 위함이었다.

신생 사회주의 국가인 소련과 일본 사이에의 외교가 복구된 것은 1925년 1월에 체결된 양국 사이의 기본조약이었다. 이에 따라 그해 9월 경성에 소련총영사관이 설치되었다. 소련총영사관은 해방되기까지 20년간 국내 사회주의운동과 꼬민테른과 연결하는 임무를 수행하게 된다.

물론 이런 활동을 겉으로 드러내지는 않았다. 소련총영사관이 설치된 후 일본 경찰이 총영사관 주변을 철저히 감시했으나 특이 동향은 알아내지 못했다. 출입하는 사회주의자를 발견하지 못한 담당 형사들은 '소련총영사관 측은 일본 관헌의 주목을 피하고자 조선인 사회주의자의 출입을 표면상 환영하지 않는다'는 소견까지 보고한다.

하지만 권오설은 일경의 감시를 피해 소련총영사관과 내통, 꼬민테른과의 연락망을 복구하는 데 성공한다. 대량 검거가 시작되고 불과 4일 만이었다.

총영사관 내에서 '밀러'라는 가명으로 활동하는 외교관 신분의 정보요원이 권오설을 담당했다. 밀러는 모스크바에 권오설의 인상기를 보고하는데, 과감하고 단호한 지도력을 갖춘, 열정과 정성 가득한 투사라는 표현이 인상적이다.

권오설의 생김새는 광대뼈가 두 뺨 위에 두드러지게 솟아난 투사적 타입이다. 말투는 열정과 정성이 가득 찬, 힘 있는 어조였다. 그의 과감하고 단호한 지도력 때문일 것이다.

고려공청의 7명 중앙집행위원 중 남은 이는 권오설 한 명뿐이었다. 박헌영·임원근·홍증식은 체포되었고 조봉암·김단야·김찬은 해외에 망명한 상태였다. 고려공청은 중앙위외 별도로 3명의 검사위원을 두었는데, 회원을 대상으로 교육하고 당의 정책이 잘 수행되고 있는지 부정부패는 없는지 검사하여 필요할 경우 제명도 시킬 수 있는 직책이었다. 검사위원 중에도 2명이 구속되어 김동명 한 명만 남았다.

권오설과 김동명은 즉시 고려공청 재건에 착수했다. 1925년 12월 중순에 강창열·이병립·이지탁·김경재를 후보 간부로 임명해 새로운 중앙위원회를 구성했다. 책임비서는 자동으로 권오설이 맡았다. 권오설은 경찰에 이렇게 진술한다.

"신의주사건이 발발하여 회원 다수가 검거되고 또는 앞으

로 도주하지 않을 수 없게 되었으므로 회로서는 활동을 계속
할 수가 없게 되어 작년 12월 중순경에 김경재, 이병립, 염창
열 3명을 내가 추천하고 김동명은 이지탁을 추천하여 새로
회원으로 가입시켰다.”

　새로 출범한 고려공청에서 권오설과 박민영은 비서부, 강
창열과 이병립은 조직부, 이지탁과 김경제는 선전부를 맡았
다. 고려공청 책임비서가 된 권오설은 고려공청 간부 1명을
공산당 중앙간부로 한다는 공산당 규약에 따라 자동으로 당
의 중앙집행위원에 들어갔다. 게다가 양대 조직의 회계까지
전담하게 됨으로써 실질적으로 두 조직을 이끄는 실권자가
되었다.

　이 점에 대해 러시아 유민으로 국내에 들어와 입당하고 대
중단체에서 프락치야 활동을 하면서 중앙위원을 함께 한 이
지탁은 훗날 증언한다.

　“그때 나도 공청 중앙간부로서 권오설과 같이 활동했는데
당시의 공청 간부는 권오설 책임비서 아래에 나, 강창열, 이
병립, 박민영, 김경재였는데, 박민영은 책임비서보조, 곧 비
서였고, 강창열은 조사부, 이병립은 학생조직, 나는 교양, 김
경재는 선전담당간부였고, 조직관계는 권오설 자신이 장악
하고 있었다. 그때는 아무 파벌도 없었고 권오설의 강력한
통제 아래에 있었다 해도 과언은 아니다.”

　당과 공청의 회계까지 전담한 권오설은 당시 공산주의운동

에서 자타가 공인하는 '강력자'였다. 일본 경찰은 기록한다.

> (권오설은) 이른바 신의주사건 발각 뒤에 고려공산청년회 책
> 임자로서 주도권을 쥐고 간부 이하의 인선을 끝내고, 완전
> 히 후계조직을 달성하고 공산당 및 공산청년회를 겸한 통신
> 연락의 책임자가 되어 당 경비 출납상의 실권을 장악하여
> 양자의 유지에 힘썼다.

조선공산당과 관련한 권오설의 모든 활동은 극비리에 이
뤄졌고, 이를 위해 그는 홍일헌, 권일, 박철희, 김삼수, 김형
선 등의 가명을 사용한다. 또한 그는 언제 닥칠지 모르는 체
포에 대비해 이중삼중으로 후계 집행부를 구성해 놓았다. 7
명의 중앙집행위원 후보를 4중으로 조직해 28명을 예비후보
명단에 올렸는데, 조두원·정달헌·김형선·장순명·이걸소·
고광수·이승엽 등 훗날 사회주의운동의 중진으로 성장하는
인물들이 포진해 있었다.

새 지도부의 최우선 과제는 각 지방의 동요하는 세포 단
체들을 안정시키는 일이었다. 고려공청 집행부는 대규모 검
거 사태로 두려움에 사로잡힌 지방 단체에 활력을 불어넣기
위해 겨울방학을 맞은 젊은 학생들을 파견하는 한편, 간부조
직이 없는 지방에서 도위원회 선출을 서둘렀다. 지방 운동의
활성화를 위함이었다.

이에 따라 12월 27일 자로 고려공청 경기도위원회와 경북
도위원회를 설립해 각 5명으로 이뤄진 간부진을 구성했다.
도별로 지방대회를 소집해 선출해야 하는 게 원칙이지만 비
상사태 시국이라 중앙집행위원회가 직접 임명한 것이 행동
파 권오설다운 방식이었다.

공개단체 활동도 강화했다. 권오설은 공청회원들이 두려
움으로 위축되는 것을 막기 위해서는 종전보다 더 기세를 올
려야 한다고 생각했다. 이를 위해 12월 중에 한양청년연맹의
정례회의를 강행하고 재경성 노동단체를 소집해 경인 지역
노동운동자간친회를 연다. 학생과학연구회 주최로 여는 강
연회도 계속하도록 했다.

다른 한편, 조선공산당 집행부 재건도 빠르게 진행되었다.
아직 김재봉이 체포되지 않았을 때였다. 김재봉은 자신이 체
포될 때를 대비해 중앙위원 김찬, 주종건과 상의해 결원 보
강에 나섰다.

세 사람은 12월 10일 김재봉의 은거지에서 만나 새로운
집행부 구성에 대해 논의한다. 일단 김재봉과 김찬은 체포될
것이 확실했으므로 강달영·홍남표·이준태·김철수·이봉수
에게 새로운 집행부를 맡기도록 의결했다. 책임비서는 강달
영으로 정했다.

강달영은 경남 진주 출신으로, 3·1운동을 주도해 18개월
의 감옥살이를 한 후 조선일보 진주지국장이자 주재기자로

일하고 있던 경남 지역의 대표적인 대중운동가였다. 전국적으로는 조선노동연맹회의 조직자요 조선노농총동맹 중앙위원으로 활동했으며 화요회 회원이었다. 김재봉이 특별히 그를 고른 이유는 의지가 강하고 음모에 능하며 중앙의 파벌싸움에 상관이 없어 공평한 업무를 할 수 있으리라 보았기 때문이었다.

연락을 담당한 홍덕유가 만나자고 전보를 보내니 비상사태임을 직감한 강달영이 즉시 상경했다. 강달영을 맞은 홍덕유는 돈의동에 있던 김재봉의 은거지로 안내해 긴급회의를 열었다.

김재봉이 자신은 곧 체포될 것이라 말하고 조선공산당 책임비서를 맡아달라고 하니 강달영은 즉석에서 흔쾌히 수용했다. 그는 일단 진주로 돌아가 신문사와 단체 일을 정리한후 1926년 1월에 재상경해 본격적으로 조선공산당 책임비서로 활약하게 된다.

예상대로, 김재봉은 12월 19일에 체포되었으나 김찬·조봉암·김단야는 무사히 상하이로 망명했다. 세 사람은 해외에 망명했더라도 중앙집행위원에서 해임된 것은 아니므로 스스로를 '조선공산당 임시 상하이부', 곧 상하이부라 불렀다. 이에 따라 국내에 새로 결성된 중앙집행위원회는 상하이부와의 구별이 필요할 경우 '국내부'라고 부르기도 했는데, 실질적으로는 국내의 중앙집행위원회가 새로운 정식 위원회였다.

얼마 후에는 고려공청 책임비서 권오설과 전덕이 추가되어 국내의 조선공산당 중앙집행위원회는 7명이 되었다. 후일 학자들과 일본 경찰은 이렇게 재건된 당을 2차 공산당 또는 강달영당이라 부르는데 옳은 표현은 아니었다. 김재봉이 아직 구속되지 않았을 때 결원된 성원을 선출했으므로 굳이 구분하자면 2차 집행부라 불러야 옳았다.

책임비서 강달영, 내무담당 이준태, 조직부 김철수와 전덕, 선전부는 이봉수·홍남표·권오설로 구성된 조선공산당 2차 집행부는 강한 결속력을 갖고 있었다. 1차 집행부가 북풍회 출신들의 분파주의로 인해 회의조차 제대로 진행되지를 못했던 반면, 이번 집행부는 파벌이 없이 잘 단결되어 있었다. 화요회, 언론인, 조선노농총동맹 등의 공통점으로 얽혀 있어 구성원들 사이의 인간관계도 깊었다.

중앙집행위원회는 경성 시내 구연흠의 집과 양원모의 집, 권오설의 은신처 등지에서 극비리에 개최되었는데, 일본, 상하이, 연해주에 임시연락부를 둘 것과 수배 중인 권오설을 만주로 탈출시켜 만주연락부를 맡길 것 등을 논의하기도 했다. 권오설의 만주행은 실행되지는 않았다. 중요한 핵심 업무를 모두 떠맡고 있던 그를 만주로 보낼 수는 없었을 것이다.

소련총영사관과의 연락을 맡고 있던 권오설은 국제공산당의 가입 승인을 얻었다는 사실을 보고한다. 이는 4월 17일에 결성한 조선공산당에 대한 꼬민테른집행위원회의 1925년 9월

15일 결정서를 뜻한다.

"4월에 대규모 조선공산주의 단체의 대회가 성립되었고 거기에서 중앙위원회의 선출과 이 그룹들의 합동이 일어났고 앞으로 꼬민테른은 4월 조선공산주의 단체의 대회에서 선출된 이 위원회에 기초하여 조선의 공산주의운동의 발전과 향후 공산주의 세력의 집결과 단결에 관한 사업을 수행해야 함"

이 결정서는 '조선공산주의 단체'의 구체적인 명칭을 '조선공산당'이라고 명시하지는 않았다. 나아가 "음모적인 지도 중핵과 더불어 합법적이고 공식적인 당 기관을 조속히 창립하고, 노동조합과 농민조직의 출판물을 장악해야 할 필요성"을 강조한다.

결정서를 액면 그대로 해석하면 4월 17일에 결성된 조선공산당은 아직 꼬민테른의 정식 지부가 아니며, '앞으로 합법적이고 공식적인 공산당을 조직할 주도 세력'으로 인정한다는 뜻이었다. 하지만 조선공산당 중앙위원회는 이를 사실상의 승인으로 받아들였고 꼬민테른도 자금 지원에 나선다.

꼬민테른의 9월 15일 결정으로 국내 공산주의운동에서 조선공산당의 위상은 더욱 강력해졌다. 권오설은 이봉수와 함께 작성한 조선공산당 규칙을 발표했다. 러시아공산당의 당칙 및 영국 공산청년회 회칙을 참작해 만들었는데 경찰의 추적을 피하기 위해 표지에 고려공청이라는 명칭을 쓰지 않고 영국청년회 회칙이라고 썼다.

새 집행부의 특징은 강달영 책임비서의 남다른 통합 의지에 있었다. 강달영은 책임비서를 맡자마자 서울청년회와 북풍회를 다시 입당시키려 애썼다. 아직 중앙집행위원회가 5명일 때 두 단체에서 2명씩 받아들이려고 생각했다.

잘되지는 않았다. 서울청년회를 장악한 이영과 이정윤, 북풍회의 김약수는 조직이 공산당에 흡수되어 자신들의 권위가 축소되는 것을 원치 않았다. 이 문제에 대해 강달영은 경찰 조서에서 말한다.

"5명의 간부로서는 어찌할 수가 없어서 인원 부족을 느끼고 있던 차에 북풍회 및 서울청년회 쪽에서도 2명씩을 받아들이려고 생각하였으나 두 단체 모두 합동의 뜻은 표시하면서도 우리 단체에 부속되는 것을 원치 않는 것 같아 보류하였다. 북풍회의 종래 태도는 독재적이었고, 김약수와 기타 2, 3인의 간부가 전결하는 것이 상례로 되어, 다수결을 존중하는 우리와는 전혀 그 양태를 달리하므로, 그들이 태도를 일변하지 않는 한 도저히 제휴할 수가 없을 것이다. 그들은 여전히 자기의 행동을 옳다고 하여 완고한 상태에 있으므로 합동을 단념하였다. 서울청년회도 김철수 등으로 하여금 비공식으로 그 뜻을 탐지하건대, 부속하는 것을 불쾌히 여기고 동등의 입장에서 합동하려는 진의임을 알고 보류하고 있다."

조직 사이의 제휴에 의한 입당은 실패했으나 권오설은

1차 집행부 때 조봉암을 뒤쫓아 모스크바까지 가서 꼬민테른에 조선공산당을 인정하지 말라고 요구했던 서울청년회원 박태선을 설득해 입당시킨다.

강달영은 투쟁하는 민족주의자들과 사회주의자들을 통합해 국민당을 조직하는 것을 궁극적인 목표를 삼고 있었다. 꼬민테른이 11월에 추가로 보내온, 민족주의와의 협력을 촉구하는 서신의 영향도 있겠지만, 강달영이 본래 넓은 인맥을 가진 화합형 지도자였기 때문이기도 했다. 그는 투쟁하는 민족주의의 대표적인 인물인 천도교의 권동진과 대표 7명을 직접 만나 국민당의 구상을 제시한다.

동학의 후예로 민족주의운동의 대표적인 단체이던 천도교는 당시 신·구파로 분열되어 있었다. 3·1만세운동의 민족대표 중 한 명이던 최린을 중심으로 한 신파가 일본의 동지를 인정하되 조선인의 자치권을 강화한다는 민족자치론을 내세우자 동학의 전통을 이어받은 천도교 구파가 이를 비판하고 나섰기 때문이었다. 신파의 자치론은 임시정부 창립자 중 한 명이었으나 친일로 돌아선 소설가 이광수가 1924년에 제창한 타협주의 노선이었다.

구파를 대변하는 이는 이종린이었다. 이종린도 나중에는 친일활동을 하지만, 당시까지는 투쟁하는 민족주의의 대표적인 인물로, 항일운동의 대단결을 위해 공산주의자들과도 연대할 수 있다는 의지를 갖고 있었다. 조선공산당이 창당되기 전부터도 강달영과 교류하고 있던 이종린이 먼저 강달영을 불러 자치론에 맞서 주의와 이념을 초월해 결합해야 한다고 제안한 적도 있었다.

강달영이 조선공산당 책임비서가 되면서 천도교 쪽과의 교류가 본격화되었다. 1926년 3월 10일 천도교 측의 이종린·오상준·권동진과 공산당 쪽의 강달영, 조선일보 주필 안재홍과 전무 신석우, 연희전문 학감 유억겸 등 좌우의 대표적인 인사들이 전격적으로 만나 자치론에 대한 대책을 토론하는 등 공동투쟁을 모색했다.

강달영의 국민당 구상은 공산당이 또 한 차례 검거 선풍을 맞으면서 실현되지 못했으나, 천도교와 조선공산당과의 관계는 긴밀했고, 이는 몇 달 후의 6·10만세운동으로 나타난다.

권오설도 민족주의 독립운동과 사회주의혁명운동이 반일운동을 통해 하나가 되어야 한다는 강달영의 생각에 공감하고 있었다. 권오설은 경찰 조서에서 말한다.

"우리들의 궁극적인 목적은 조선의 적화에 있는 것이나 거기에 도달하기까지의 계단으로서 독립운동을 일으키려는 것이다. 또 독립운동이란 환언하면 약소 민족의 해방운동이고, 우리들 공산주의운동도 무산계급의 해방운동에 귀결되므로, 해방운동이라는 점에서 일치한다."

독립운동은 약소 민족의 해방운동인 동시에 무산계급의 해방운동이므로 독립운동과 공산주의는 단계적으로 병존할 수 있으며 단결해야 한다는 논지다.

검거를 피해 상하이에 망명한 조봉암·김찬·김단야·조동호 등으로 구성된 상하이부가 그곳에서 발행한 타블로이드판 신문 『불꽃』도 민족주의 독립운동과 사회주의혁명운동의 목적이 서로 다르지 않음을 잘 보여준다. 1926년 9월호 『불꽃』에 실린 '조선공산당선언'의 일부다.

1. 민주공화국을 건설하되, 국가의 최고급 일체 권력은 국민으로부터 조직한 직접·비밀·보통 및 평등의 선거로 성립한 입법부에 있을 것
2. 직접·비밀·보통 및 평등의 선거로 광대한 지방자치를 건설할 것
3. 전 국민의 무장을 실시하고 국민 경찰을 조직할 것
4. 일본의 군대, 헌병 및 경찰을 조선에서 철폐할 것
5. 인민의 신체 혹 가택을 침범하지 못할 것
6. 무제한의 양심, 언론, 출판, 집회, 결사 및 동맹파업의 자유를 가질 것
7. 문벌을 타파하고 전 인민이 절대 평등의 권리를 가질 것
8. 여자를 모든 압박에서 해탈할 것
9. 공사 각 기관에서 조선어를 국어로 할 것
10. 학교의 자유를 보장하고, 무료 의무 및 보통 및 직업교육을 남녀 16세까지 실시할 것. 빈민 학령 자녀의 의식과

교육용품을 국가의 경비로 공급할 것

11. 각종 간접세를 폐지하고, 소득세 및 상속세를 누진율로
　　할 것

12. 소비에트사회주의연방공화국과 우의적 연맹을 체결
　　할 것

조동호가 작성한 것으로 알려진 이 선언은 조선공산당 중
앙집행위원회 명의로 발표되었는데, 토지와 공장을 몰수하
라는 등의 공산주의적인 요구 대신 일반 민주주의적인 요구
만을 나열하고 있다. 위장을 한 것이 아니라 조선공산당의
실제 노선이었다.

독립운동과 사회주의운동과의 관계에 대해서는 조선공산
당 변호인의 한 명이었으며 해방 후 법무장관을 지낸 이인
변호사가 명답을 준다.

"경부선 기차표는 경성에서 같이 샀는데 공산주의자는 부
산표를 사고 민족주의자는 대구표를 샀다. 경성에서 대구까
지는 3분의 2가 같이 간다. 기차가 대구에 가까이 가니 공산
주의자는 동승한 민족주의자를 종착역인 부산까지 어떻게든
끌고 가려고 노력했고 민족주의자들은 동승한 공산주의자들
을 대구에서 하차케 하려 애썼다."

강달영 집행부의 내부 조직사업은 상당한 성과를 거두었
다. 언론인의 수만 보아도 강달영 집행부 때 공산당에 가입

하거나 지원한 언론인이 60명이었는데, 이는 김재봉 집행부 때의 23명보다 훨씬 많은 수였다. 강달영이 언론인 출신인 덕분이었다.

권오설도 조직 확대에 적지 않게 기여했다. 그의 추천으로 고려공산청년회원이던 권오상, 조두원, 정달헌 등 10명이 정식 당원으로 입당한다.

입당자 중에 각별한 인물은 권오상이었다. 권오상은 권오설보다 3살 적은 친척 동생으로, 가일마을의 오래된 한옥 중 하나인 수곡고택에 살았다. 그는 중앙고보 재학 중일 때 화요계의 청년운동단체인 신흥청년회에 가입하고 연희전문학교에 재학 중 고려공청에 가입한 재원이었다. 조선학생과학연구회 결성에 참여하여 집행위원을 하던 중 권오설과 함께 6·10만세운동을 준비하는데 다른 사람들이 사전에 체포되어 실패할 위기에도 권오상과 학생들은 끝까지 계획대로 추진해 만세운동을 전개했다. 체포된 후 혹독한 고문으로 온몸이 망가져 2년 만에 병보석으로 풀려났으나 가일마을에 돌아온 직후 세상을 떠난다.

프락치야 활동도 활발히 이뤄졌다. 당원 3명 이상의 모임인 야체이카가 공산당의 기본으로서 조직활동이자 학습모임의 성격을 갖고 있다면, 프락치야는 당 이외의 단체에 당원을 가입시켜 그 내부에서 활동하게 하여 당의 영향력을 강화하는 활동이었다.

강달영 집행부의 프락치야 사업은 몇 개 부서로 나뉘어 진행되었다. 학생부는 권오설·조두원·이병립·권오상이 맡았고, 노농부는 이승엽·이준태·강달영이 맡았다. 언론부는 구연흠·이준태, 사상부는 박일병·홍남표·박순병이, 여성부는 주세죽이 맡았다. 주세죽은 남편 박헌영이 구속된 후에도 여성동우회 집행위원 등 여성단체 활동에 열성을 다하고 있었다.

권오설은 꼬민테른의 지령을 받고 연해주에서 잠입해 온 이지탁·전덕·박민영·김호암 등 10여 명을 북풍회와 노동당 등의 단체 및 광주와 평양 등 지역에 배치해 조직적인 성과를 얻어낸다. 이들은 조선 말기에 연해주로 이주해 살던 조선인들의 자녀로, 동방노력자공산대학에서 한국인 유학생들을 위해 통역하던 중 조봉암에게 감화된 청년들이었다. 조봉암은 그들에게 "소련령에서 독립운동을 하느니 국내에 들어가 일하는 것이 옳지 않겠느냐"고 설득했고, 이에 따라 만주를 경유해 국내로 밀입국한 다음 권오설을 만나 당에 가입한다.

권오설은 당과 공청의 자금 관리에도 철저했다. 상하이로 망명한 김단야는 동양의 여러 나라 혁명가들로 조직된 단체인 동양혁명회에 고려공청의 어려움을 호소해 모금을 하고 있었다. 김단야는 모금한 2,000엔을 베이징대학교에 다니던 한국인 학생 박천을 통해 1925년 12월 20일 자로 권오설에게 전달했고 2차로 2,200엔을 추가 송금했다. 나중에 송금한 2,200엔은 모스크바 공산대학에 유학 중인 고려공청 회원 40명이 매달 지급받은 생활비에서 10엔씩 떼어 모은 것이었다. 유학생 수가 40명으로 늘어난 이유는 권오설이 책임비서를 맡은 후에도 한인갑·정달헌·조두원 등을 추가로 보냈기 때문이었다.

김단야가 학생 연락책을 통해 보내온 자금은 조선공산당과 고려공청의 활동비 외에 해외 활동을 위해 사용했다. 1926년 2월 초순 만주에 고려공청 만주부 설치를 위해 박광수를 책임자로 보내며 여비 570원을 주었다. 또 신의주사건 때 체포를 모면한 김동명에게 여비를 주어 연해주로 보내면서 이르쿠츠크파와 상하이파의 반목을 중지시켜 상호 이해하게 하여 조선공산당에 협조시키라는 사명을 주었다.

대규모 구속사태에도 불구하고 조선공산당과 고려공청이 곧장 복구되어 이전보다 더 활발히 활동할 수 있던 것은 강달영과 권오설의 역할이 결정적이었다. 강달영은 유능한 지도자였고, 권오설은 저돌적인 추진력을 가진 행동가였다.

비밀을 유지하며 순조롭게 진행되던 강달영 집행부의 활동이 절정에 이른 것은 순종의 장례식을 계기로 일으킨 6·10만세운동이었다. 이 사건은 조선공산당 결성 이래 가장 큰 대중 활동이자 강달영 집행부가 발각, 붕괴되는 계기가 된다.

7 조선은 조선인의 조선이다

권오설 평전

●

　　　　　대한제국의 2대 황제이자 조선 왕조의 마지막 왕인 순종 이척은 태어날 때부터 병이 많고 심약한 체질인 데다 22살 때는 친어머니인 명성황후 민자영이 일본인들에게 참혹하게 살해되는 비극을 겪어야 했다. 더구나 25살이던 1898년 아버지 고종과 함께 아편을 넣은 커피로 독살당할 뻔한 이후로는 더욱 심신이 미약해져서 성불구자, 아편중독자, 저능아 같은 모욕적인 뒷담화를 들으며 산 불행한 인물이었다.

　1907년, 고종이 네덜란드 헤이그에서 열린 국제회의에 밀사를 보내 한국의 주권을 일본으로부터 찾아달라고 호소하려다가 실패하자 일본은 그를 강제로 퇴위시키고 아들 이척에게 황제 자리를 떠맡겼다. 아직 건강하게 살아있는 아버지로부터 황제 자리를 이양받게 된 이척은 즉위식에서 자신의 심경을 솔직하게 말한다.

　"아! 짐은 덕이 없는 사람으로서 외람되게 황태자로 있으면서 부모의 잠자리와 수라상을 살피는 일상적인 일도 언제나 미처 하지 못했는데, 나라의 큰 정사를 대리하라는 명령이 천만뜻밖에 갑자기 내렸으므로 더없이 송구하여 몸 둘 바를 모르고 있었다. 오직 진정으로 간청하여 내린 명령을 취소하실 것을 바라면서 한 번 호소하고 두 번 호소했으나, 윤허 받지 못했을 뿐만 아니라 계속하여 황제의 자리를 물려주는 처분까지 있었으므로 더욱더 놀랍고 두려워서 당장 땅을 파고 들어가고 싶었으나 그렇게 할 수 없었다. 하늘의 의사를 돌려세울 수 없고 사람들의 마음도 불안해졌으므로 하는 수 없이 힘써 명령을 받기는 했으나, 임무가 너무도 중대한 만큼 어떻게 감당하겠는가?"

부드럽고 선량한 성품이 잘 드러나는 말이지만, 절체절명의 위기에 빠진 나라의 왕이 할 말은 아니었다. 결국 이척은 이희와 마찬가지로 일본의 침략에 그 어떠한 저항도 못하다가 즉위 3년 만인 1910년 일본에게 나라를 공식적으로 넘겨주고 만다. 실무적으로 한일병합을 추진한 것은 이완용과 송병준 등 친일 매국노들이었지만 황제로서의 소임을 다하지 못한 것은 명백한 사실이었다.

이척은 자신이 병약해 나라를 이끌 수 없으므로 친근하게 믿고 의지하던 이웃 나라 일본에게 한국의 통치권을 양여한다는 칙령까지 내린다. 저항하면 백성이 다치니 저항하지 말라는, 나라를 일본에 넘기는 것이 진정으로 민중을 구원하려는 뜻이라는 내용이었다.

그러므로 짐이 이에 결연히 내성하고 확연히 스스로 결단을 내려 이에 한국의 통치권을 종전부터 친근하게 믿고 의지하던 이웃 나라 대일본 황제 폐하에게 양여(讓與)하여 밖으로 동양의 평화를 공고히 하고 안으로 팔역의 민생을 보전하게 하니 그대들 대소 신민들은 국세와 시의를 깊이 살펴서 번거롭게 소란을 일으키지 말고 각각 그 직업에 안주하여 일본 제국의 문명한 새 정치에 복종하여 행복을 함께 받으라. 짐의 오늘 이 조치는 그대들 민중을 잊음이 아니라 참으로 그대들 민중을 구원하려고 하는 지극한 뜻에서 나온 것이니 그대들 신민들은 짐의 이 뜻을 능히 헤아리라.

을사오적에 의해 반강제로 작성한 글이라고 믿고 싶지만, 고종 이희의 전례로 보아서는 본인이 작성한 게 사실로 보인다. 일본 침략 초기에 전국에서 의병이 일어서자 이를 독려하기는커녕 선무사를 파견해 애국자들이 죽어서는 안 되니 무기를 버리고 해산하라던 이희의 호소와 조금도 다르지 않기 때문이다.

고종과 순종이 왕위를 빼앗기지 않기 위해 옥쇄를 감추었다거나 국제회의에 몰래 사람을 보냈다는 사실을 소극적이나마 저항을 했다는 증거로 삼고자 하는 이들은, 이씨 왕가의 직계 후손들이 일본으로부터 높은 작위와 연금을 받으며 호사스럽게 살다가 해방 후 귀국해서는 당당하게 왕가의 후손 대우를 요구했다는 사실은 외면하고 싶을 것이다. 조선 왕조가 못났다는 것이 일본의 침략 명분이 될 순 없는 것과 마찬가지로, 일본 침략의 피해자라고 해서 조선 왕실을 국부니 국모니 숭배하는 것도 어리석은 일이다.

1926년 4월 25일, 53살의 나이로 순종이 사망했을 때 한반도는 또 한 차례 슬픔에 잠겼다. 이번 슬픔은 고종이 죽었을 때와는 농도가 달랐다. 조선인들의 슬픔은 순종 개인의 죽음에 대해서라기보다, 조선의 맥이 완전히 끊어졌다는 슬픔이자, 쌓이고 쌓였던 식민지 피압박 민족의 설움이 터진 것이었다. 학교나 시장에서는 누가 조직한 것도 아닌데 집단적인 통곡 소리가 터져 나오고, 상복을 입고 다니는 시골 노인들도 많았다.

고종의 죽음으로 일어난 3·1운동을 경험한 일본은 조선인들이 순종의 죽음에 애달파하는 광경이 보이기만 하면 무지막지하게 구타하고 통제했다. 6·10만세운동을 선동하기 위해 조선공산당 상하이부의 김단야가 쓴 전단 '상(喪)에 복(服)하고 곡(哭)하는 민중에게 격(檄)함'에는 당시 상황이 잘 나온다. 제목을 요즘말로 풀어 쓰면 '상복을 입고 통곡하는 민중에게 외친다'는 뜻인데, 전단에 나오는 체포된 민중의 수는 당시 신문보도를 토대로 했다고 한다.

왜적은 그 통곡·복상을 방해하고 있다. 가두에서 만폭한 군

146

대나 경찰관의 총검과 마제에 의해 통학하는 사람을 해산시키고 상해시켰다. 학교에서는 천진한 아동의 통곡을 일본 교원들이 험악하고 잔인한 주먹과 곤봉을 가지고 박해하고 구축하였다. 지난 4월 25일부터 5월 2일까지 약 1주일 내 경성, 종로경찰서에서만 하더라도 통곡하는 사람을 취체한 것만도 2만 8,497인에 달했다 하니 전 조선 각지를 통하면 기십만 기백만의 통곡하던 사람들이 적의 경찰관에 붙들려 이루 헤아릴 수 없는 모욕과 학대를 받았겠는가. 지난 2주간 통곡과 상복 문제로 일본 교원이 학생을 구타한 사건이 백 십수 건에 달하였다.

조선공산당이 시위를 준비하며 작성한 여러 장의 전단에 조선 왕조에 대한 존중심이나 존경심은 일체 드러나지 않는다. 고종은 덕수궁 주인으로, 순종은 창덕궁 주인으로 호칭하며 어떠한 존칭도 없이 이척이라 부른다. 이 글은 봉건군주제에 대한 사회주의자들의 관점을 잘 보여주고 있다.

이조 최후의 군주였던 창덕궁 주인 이척은 53세의 춘추를 생의 일기로 하여 지난 4월 25일 장서하였다. 이것을 계기하여 전 조선 민중을 총동원하여 슬픔에 울고 상복을 하여 삼천리 전체가 눈물의 바다가 되었다. 무대에 나선 배우의 울음이 아닌 이상 그 누가 그 비애를 허위라고 말할 수 있겠고, 극단 배우의 농담이 아니라면 누가 그 상복을 허위라고 말할 수 있겠는가? 민중의 통곡은 참으로 거짓 없는 진심의 표현이었다.

그러나 우리들은 우리들의 통곡·복상, 즉 군중의 통곡과 복상의 진의가 어디에 있었던가를 살펴보자. 이 기회를 이용하여 왜적에게 아부하는 글을 팔아 사는 매문배들이 교묘한 언어로 장난질하여 민중을 속이려고 하였다. 즉, 이척의 재위 당시의 성덕을 칭송하고 평시의 효성을 찬탄하여 금일 민중의 통곡과 상복을 입은 모습을 두고 왕년의 이척의 성덕을 그리워 그 효성에 감격하여 그의 죽음의 비애를 통곡 복상하는 것이 당연한 일이라고 선전하였다.

민중들이여! 우리는 우리들의 가슴에 손을 대고 물어보자! 우리의 통곡, 복상의 진의가 과연 정당한 일인가. 소위 왕년의 이척의 성덕과 효성을 아는 사람이 몇이며, 또 크게 감격한 사람이 몇이나 있었던가? 이척이 성덕, 효성이 있었다면 그것은 별세계의 꿈이었던 것이다. 우리들 민중은 이것을 아는 사람, 감격한 사람은 하나도 없었다.

우리들 민중으로서 이척에 대한 인상과 기억이 남아 있다고 한다면, 그것은 다만 그가 우리들의 군주로서 일본과 병합 조약을 체결하여 국가의 주권을 박탈당하고 2,000만의 생명과 영혼을 왜적의 노예가 되게 하였다는 천추에 잊지 못할 비분의 기억과 그 한 사람으로서 정신과 육체의 불구자였다는 것 이외에는 아무것도 없다. 이것을 가지고 그의 성덕, 효성이라고 말하면 모르지만, 그 외에 무엇을 가리켜 그의 성덕, 효성을 보았다고 말할 수 있는 자가 없을 것이다.

그리고 융희황제(순종)에게 나라의 주권을 박탈당한 책임과 전 민족을 일제의 노예로 되게 한 책임을 물으면서, 둘째는 민중의 통곡이 융희황제에 대한 애도의 슬픔이 아니라 망국에 대한 '사무친 슬픔'인 것으로 다만 망국의 슬픔이 융희황제의 승하를 통해 폭발한 것이라고 했다. 때문에 통곡은 노예된 삶의 슬픔에 다름 아니라는 것이다.

우리들 민중의 통곡과 복상이 결코 이척의 죽음에 있지 않다는 것을 민중 각자의 마음속에 그것을 명백히 말해주고 있다. 우리들의 비애와 고통은 경술년 8월 29일 이래 쌓이고 쌓인 슬픔이었다. 우리늘은 그때부터 전 민속이 자유를 잊어버렸던 자의 슬픔을 가지고 생존권을 빼앗긴 자의 상복을 각자 입고 왔다.

조선공산당 상하이부의 기관지를 발행하는 불꽃사 명의로 된 이 전단은 "금일의 통곡, 복상의 충성과 의분을 돌려 우리들의 해방투쟁에 바치자! 일본제국주의를 박멸하자!"는 구호로 끝난다.

1926년 6월 10일 만세운동의 준비와 전개 과정에 대해서는 기록마다 서로 다른 부분이 많다. 경찰 조서, 신문 기사,

재판기록, 훗날의 증언 등이 서로 다른 것은 체포된 운동가들이 조직과 동지들을 보호하기 위해 거짓 진술을 하기도 하고, 언론의 추측 보도가 틀린 경우도 있기 때문이다. 경찰 조서나 수사보고서도 전적으로 믿을 수 없다. 경찰은 사건을 재판에 넘긴 후에는 추가 사실이 발견되어 기존의 조사 내용이 틀렸음을 알게 되더라도 복잡한 행정 절차와 책임 소재 문제로 무시해 버리기도 한다. 물론 공범들끼리도 각자의 입장에 따라 같은 사안에 대해 각기 다르게 진술하는 것도 기본이다.

만세운동이 어떻게 발의되어 권오설이 이끌게 되는가에 대해서는 구체적인 부분은 조금씩 다르지만, 대체적인 내용은 같다. 순종 이척의 사망 소식을 들은 조선공산당 상하이부에서 처음 계획했다는 것이다.

순종의 장례식은 국장의 관례에 따라 사망 46일 후인 6월 10일에 치러지니 거사 준비 기간은 충분했다. 김찬·조봉암·김단야는 3·1만세운동을 잇는 제2의 만세운동을 일으키기로 결정하고 국내의 조선공산당 중앙집행위원회로 연락책을 보냈다. 연락책은 난징 진링대학에 다니던 김성순으로, 김단야의 부탁에 따라 경성과 상하이를 오가면서 조선공산당의 자금과 비밀서류를 나르던 학생활동가였다.

자금에 대해서는 기록이 조금씩 다르다. 김성순이 권오설을 만나 1,000원과 전단의 원고를 전했다는 기록도 있고 권오설이 압록강을 건너 중국 안동현까지 가서 직접 김단야를 만나 받아왔다는 기록도 있다.

특이한 것은 권오설이 1926년 2월 하순경에 상하이로 망명했다가 5월 1일 메이데이 시위를 주동하려고 운동자금을 1,500원을 받아왔다는 기록이다. 당시 동아일보 기사와 만세운동 때 전단 인쇄를 담당했던 박래원의 후일 증언에 나오는 이야기다. 권오설과 동료들의 경찰 조서 어디에도 나오지 않는 이야기인 데다 다른 기록과 비교했을 때 허점이 너무 많아 신빙성이 낮지만, 내용을 요약하면 이렇다.

"신의주사건으로 1차 공산당이 해체되고 수배된 권오설은 교묘히 종적을 숨기고 있다가 상하이로 건너간다. 거기서 여운형을 포함해 김단야, 김찬, 조봉암과 만나 2차 조선공산당을 소식하기로 하고 그 선전 방법으로 1926년 5월 1일 메이데이를 기해 전국에 대규모 시위를 일으키기로 하고 그 운동자금 1,500원가량을 받아 상하이를 떠나 수염을 깎고 학생복으로 변장한 후 대담하게 경성으로 돌아왔다. 그런데 마침 순종의 국상이 나서 일반 민심이 모두 슬픔에 잠겨 있었고 경찰이 일체의 집회를 불허하므로 국장 당일인 6월 10일 만세운동을 하기로 계획을 변경한다."

상하이 망명설뿐 아니라, 이후 준비 과정에 대한 기록과 증언도 서로 다른 부분이 많아 무엇이 사실인지 알기 어려운데 여러 기록에 공통적으로 반복되는 이야기 중 하나는 5월 1일에 권오설이 압록강을 건너 중국 안동현에서 김단야를 만나 돈과 유인물 원고를 받았다는 것이다.

압록강 일대 국경의 경비는 조선에서도 가장 삼엄했다. 압록강을 넘은 권오설이 중국 안동현 동역 앞 초원에서 김단야를 만나 전단 제작비 1,000원과 전단 원고를 받아왔다는 내용은 자못 구체적이지만 여러 유능한 연락책들이 있음에도 수배 상태인 권오설이 직접 국경을 넘나들며 김단야를 만났다는 점이 이해하기 어렵다.

신빙성이 상당히 높은 기록은 김단야가 4월 15일부터 5월 18일까지 국내에 잠입했었다는 내용이 담긴 고려공청의 보고서다. 고려공청이 국제공청에 보낸 이 보고서는 러시아문서보관소에 소장되어 있다가 근래에 개방되었는데, 이에 따르면 김단야는 경성에 들어오지 않고 평양에 머물렀으며 그곳에서 권오설과 조우한다. 압록강을 건너가 만났다거나 상하이에서 만났다는 믿기 어려운 이야기가 경찰 기록과 언론 기사에 남은 것은 권오설이 평양에서의 만남을 숨기는 과정에서 만들어졌을 가망이 높아 보인다. 만일 그렇다면 김단야를 숨겨준 평양 연락책들을 보호하기 위함이었을 것이다.

확실한 것은 5월 2일 경성에서 조선공산당 중앙집행위원회가 열렸고 거기서 권오설이 만세운동을 일으키자고 강력히 주장했다는 점이다. 특이한 점은 이날 회의에서 다수 중앙위원이 권오설의 제안에 반대했다는 사실이다.

마침 책임비서 강달영이 지방 출장 중이어서 참석하지 못한 이 회의에는 권오설·이준태·이봉수·홍덕유·전덕·김철수가 참석했는데, 모두들 권오설의 제안에 난색을 표한 것으로 알려졌다. 3·1만세운동이 재현되는 것을 막기 위해 일본 경찰이 최고 수준의 삼엄한 경계망을 펼치고 있는 가운데 섣불리 나섰다가 또 다시 조직이 궤멸적인 피해를 입을 수 있다는 우려였다. 민중의 심정도 고종이 사망했을 때와는 많이 달라서 호응이 적으리라 보았을 것이다.

이런 분위기는 다른 조직들도 같았다. 5월 2일 회의에 중앙집행위원으로 참석했으며 얼마 후 제3대 집행부의 책임비서를 맡게 되는 김철수는 꼬민테른에 보내는 보고서에 모든 혁명단체가 시위에 반대했다고 쓴다.

하시반 권오설은 다수의 반대와 우려에도 불구하고 고려공청 단독으로라도 만세운동을 결행하겠다고 강력하게 주장해 끝내 중앙집행위원회의 승인을 받아냈다. 공산당 차원에서는 행진에 참가하지 않고 고려공청에게 학생을 조직하고 지도하는 일을 모두 위임하기로 한 것이다. 중앙위원들은 이 결정에 따라 6·10투쟁지도특별위원회를 조직하고 권오설에게 위원장을 맡겼다.

평소에도 과감하고 단호한 지도력으로 독단적이라는 비판을 들어온 권오설이었다. 이번에도 끝까지 여러 사람의 반대를 물리치고 자신의 주장을 관철시키자 내부적인 불만이 터져 나왔다. 뒤늦게 상경한 강달영은 홍덕유로부터 권오설이 다수의 반대를 물리치고 독단으로 만세운동에 참여하기로 했다는 보고를 받는다. 권오설에게 불만이 많았던 홍덕유는 책임비서가 부재 중이었으므로 이번 회의 자체가 불성립된 거 아니냐고 주장했다.

홍덕유만이 아니었다. 가장 가까운 고향 선배로 권오설을 이 자리까지 끌어준 이준태의 불만도 극심했으며, 45세의 나이로 공산당 내에서는 원로에 속하는 원우관의 불만도 컸다. 강달영은 권오설의 독주 경향에 대하여 불평도 있었고 마찰도 있었다며 경찰에서 진술한다.

"권은 약관이기 때문에 매사에 경거망동이 많고 또 혁명운동과 같은 대사를 맡길 만한 위인이 아니기 때문에 제외하든가 적당한 방법을 취하지 않으면 안 될 것이라고 불평을 말하는 사람들이 많았다."

화합형 지도자인 강달영은 평소에도 권오설과 다른 동지들 사이에 갈등을 무마시키려 애썼는데, 그렇다고 해서 무원칙한 중재를 하는 사람은 아니었다. 개인적으로는 권오설의 만세운동 제안에 반대하는 입장이었으나 일단 결정된 사안을 따르기로 한다. 강달영은 책임비서인 자신이 부재중인 대신 제2비서인 이준태가 참석했으니 5월 2일의 중앙집행위원회는 당규에 어긋나지 않는다고 홍덕유에게 답한다. 나아가 자신이 직접 서울파 지도자들을 만나 만세운동에 합동해 달라고 제안했다. 그러나 김철수의 증언대로, 서울파는 이를 단호히 거절했다. 지금은 시기가 아니며 운동 방법에서도 일치하지 않는다는 답변이었다.

국내 운동가들의 반응이 좋지 않았으나 상하이부의 입장은 변함없었다. 5월 12일, 김찬으로부터 중앙집행위원회 앞으로 온 전갈은 여전히 만세운동을 수행하자는 내용이었다.

"일반 민중에 혁명적 시련을 줌과 동시에 이 기회를 이용하여 혁명적 조직을 공고히 할 목적으로 만세운동을 수행하자."

6·10투쟁지도특별위원회 위원장으로 만세운동의 총책임자가 된 권오설은 김단야에게 전해달라며 김성순에게 편지를 써주었다. 국장을 기하여 선전문을 살포하고 만세운동을 일으킬 것이니 전난제삭비 등 이에 필요한 자금을 추가로 보내달라는 내용이었다.

일단 1,000엔의 자금은 갖고 있던 권오설은 천도교청년동맹 회원이자 인쇄직공조합의 인쇄공 박래원과 민창식에게 대량 인쇄를 의뢰하기로 했다. 권오설은 먼저 감고당 인쇄소를 소유하고 있는 민창식을 찾아가 취지를 설명했다.

"다가오는 6월 10일 국장일에 선전문을 살포하고 만세운동을 일으키고 싶은데, 군도 동참하여 선전물을 인쇄해 주지 않겠소?"

민창식은 경성 출신으로 여러 신문사에서 노동자로 일하

며 신흥청년동맹과 화요회를 거쳐 고려공청과 조선공산당
에 입당한 열성당원이었다. 인쇄직공조합 내에 설치된 경성
부 제2구 야체이카 책임자인 그는 당 중앙위원이자 공청 책
임비서인 권오설의 명을 따를 의무가 있었다. 하지만 권오설
은 일방적으로 지시하지 않고 뜻을 존중한다. 대다수 운동가
가 반대하는 일이니만큼 자발적인 참여가 더욱 중요하기 때
문이었다.

"이런 일은 자진하여 하지 않으면 안 되는 일인만큼 군이
할 수 없다면 박래원 군을 나에게 보내주시오."

말하고 돌아오니 이틀 후인 5월 10일, 박래원이 권오설을
찾아왔다. 민창식이 또 다른 연락책인 이수원을 시켜 박래원
에게 권오설을 만나러 가라고 전화를 한 것이다.

당시 23살이던 박래원은 경성에서 태어나 대동인쇄에서
노동자 생활을 시작해 화요회원을 거쳐 조선공산당과 고려
공청에 가입한 열성당원이었다. 여러 노동단체 상무집행위
원을 거쳐 조선노농총동맹 중앙상무위원으로 활약하고 있어
권오설과도 각별했다. 경북 예천에서 형평사 회원에 대한 집
단폭행사건이 터졌을 때도 권오설과 함께 파견된 사이였다.

권오설은 박래원에게도 한 달 앞으로 다가온 국장일에 만
세운동을 일으킬 계획임을 밝히고 인쇄를 맡아달라고 제안
했다. 박래원이 흔쾌히 승낙하자 권오설은 인쇄 준비 자금으
로 200엔을 건네고 돈이 필요하면 더 가지러 오라고 했다.

자금을 확보한 박래원과 민창식은 본격적인 작업에 들어갔다. 두 사람은 명치정(지금의 명동)에 있는 누정이라는 점포에서 인쇄기 2대를 사 오고 두 사람으로는 일손이 부족하여 양재식, 이용재에게 조력을 부탁하니 그들도 흔쾌히 승낙해 함께하게 되었다. 모두 천도교청년동맹, 인쇄직공조합, 조선노농총동맹이라는 공통점으로 묶인 사이였다.

박래원은 해방 후 한 인터뷰에서 권오설과 인쇄노동자들에 대해 이렇게 말한다.

"그 당시 나는 천도교청년동맹 간부로서 조선노농총동맹의 간부였던 관계로 조선노농총동맹의 같은 간부인 권오설과 가깝게 지냈다. 권은 경북 안동인으로서 성격이 강직하고 신임할 수 있는 동지였다. 그는 물론 공산주의자였으므로 별도의 조직과 동지들이 있었던 것으로 안다. 민창식은 매일신보 인쇄공으로서 경성인쇄직공조합 집행위원이었고 이용재는 해영사 인쇄직공으로서 신흥청년동맹원이었으며 양재식도 인쇄공으로서 경성인쇄직공조합 집행위원이었다. 나도 경성인쇄직공조합 상무집행위원이었다."

이준태 등 중앙위원들의 부정적인 평가와 달리 현장노동자들의 권오설에 대한 평가는 매우 좋았다. 박래원은 그를 강직하고 신임할 수 있는 동지라고 보고 적극적으로 따른다.

인쇄 실무를 책임진 박래원은 황금정(지금의 을지로)에서 명심당이라는 작은 인쇄소와 도장포를 경영하는 백명천을 가담시켰다. 백명천은 평안남도 중화군 출신의 천도교인으로 부부가 모두 애국심이 강했다. 공개된 인쇄소는 경찰의 감시가 심하므로 몰래 인쇄할 장소를 물색하던 이들은 안국동 36번지에 있는 빈집을 3개월분 월세 36원을 선금으로 지불하여 얻은 후, 백명천 내외를 살게 하고, 양재식은 하숙생으로 위장해 임시 거주했다.

일본은 조선시대부터 있던 오가작통제를 유지해 5가구마다 한 명씩 통수를 두고 주민들의 동향을 감시하고 있었다. 결혼한 가족이 아닌 남자들끼리의 모임은 무조건 신고 대상이었다. 그래서 백명천 부부가 사는 것으로 위장한 것이다.

박래원은 5월 15일에는 권오설을 다시 만나 권오설이 직접 쓴 격고문 등 6종의 전단 원고와 추가 비용 250엔을 받아 5월 19일 명치정 앵정활판제작소에서 130엔짜리 대형 인쇄기와 50엔짜리 소형 인쇄기를 구입했다.

이들은 활판소 주인에게 부탁해 인쇄기를 겹겹으로 포장한 다음 손수레를 불러 인쇄기를 싣고 황금정 입구를 떠나여러 번 수레꾼을 바꾸어 이리저리 돌다가 안국동 안가까지 운반했다. 혹시 모를 경찰의 미행을 따돌리기 위함이었다.

인쇄기를 설치한 후에는 양재식이 활자와 인쇄용지, 종이 자르는 칼을 사오고 박래원은 넓은 전지 2,000매와 인쇄용 잉크를 사왔다. 전지는 천도교에서 발행하는 잡지 『개벽』을 발간하는 개벽사 제본부에서 일하는 손재기가 그곳의 절

단기를 활용해 16절 크기로 재단해 주었다. 손재기는 천도교 지도자의 한 명인 손병희 집안의 장손으로 처음부터 권오설과 손잡고 만세운동 준비를 함께하고 있었다.

인쇄공들은 안국동 셋집에서 5월 23일부터 27일까지 밤낮을 가리지 않고 격문 인쇄를 계속했다. 그런데 활판인쇄기 돌아가는 소리가 밖으로 새어 나가면서 이웃에 위조지폐를 인쇄한다는 소문이 나돌아 발각될 위험이 커졌다. 지폐에 보안장치 같은 게 없던 시절이라 위조하기가 쉬워 위조지폐사건이 잘 터졌는데, 특히 중국돈 위조사건이 잦았다.

박래원 일행은 그날까지 인쇄한 전단은 석유상자에 넣어 못질을 하거나 버드나무 고리짝에 넣어 단단히 포장한 다음 경운동 천도교당 담장 내에 있던 손재기의 집 안방에 숨겼다. 대형 인쇄기는 마땅히 숨길 장소가 없어 이화동에 있는 백명천의 본가로 옮기고 소형 인쇄기는 안국동 27번지에 있는 민창식 소유의 감고당 인쇄소로 이동시켰다. 그런데 급하게 옮기는 과정에서 대형 인쇄기가 고장나서 소형 인쇄기만으로 나머지 전단을 인쇄해야 했다. 박래원 등은 감고당 인쇄소에서 다음 날인 5월 28일까지 인쇄를 계속했다.

한편, 권오설은 유인물 제작을 시작한 5월 23일, 백명천에게 50엔을 주어 대한임시정부인 및 대한독립당인이 새겨진 도장을 민들어 오도록 했다. 대한임시정부인은 상하이의 대한민국임시정부를 뜻하고 대한독립당은 실현되지는 못했으나 조선공산당이 민족 진영과 통일전선을 구축하기 위해 만들려던 정당 명칭이었다.

인쇄공들은 1만여 장의 격고문에 일일이 도장을 찍은 후 대한독립당인은 소각하고 대한임시정부인은 동대문 밖 박인호가 살고 있는 상춘원 경내에 묻어 숨겨 두었다. 격고문 원고와 사용한 활자는 불에 넣어 태우고 녹여 버렸다.

제작된 유인물은 글의 분량과 용지의 크기가 제각각으로, 한 장의 긴 전단인 격고문과 엽서 크기의 전단 네 종류였다. 대한독립당 도장이 찍힌 격고문은 권오설이 집필한 것으로, 사회주의자들의 주장을 가감 없이 싣고 보다 강력한 투쟁을 선동한다. 상하이부의 김단야가 쓴 글이 다분히 감성적이라면, 이 글은 한결 이성적이고 정제되어 있다.

우리는 일찍이 민족과 국제평화를 위해 1919년 3월 1일, 우리의 독립을 선언했다. 우리는 역사적 복수주의를 반복하려는 것은 아니다. 다음 우리들의 국권과 자유를 회복하려 함에 있다. 우리는 결코 일본 전 민족에 대한 적대가 아니요, 다만 일본제국주의의 야만적인 통치로부터 탈퇴하고자 함에 있다.

우리들의 독립의 요구는 실로 정의의 결정으로 평화의 표상인 것이다. 그럼에도 불구하고 제국자본주의의 횡포한 일본 정부는 학살, 고문, 징역, 교수 등의 악형으로 우리를 대변하면서 경비, 군비, 이민, 자본을 더욱 늘려왔다.

그들의 억압정책과 착취 방법은 완전하게 그리고 철저하게 우리들의 생존권 전부를 박탈했다. 우리들의 피와 눈물과 통곡소리는 삼천리를 가득 메웠고 멀리는 도쿄 신사, 남북만주, 내지는 전 세계에 울려 퍼졌다.

슬프도다 이천삼백만 형제자매들이여, 오늘에 있어 융희황제에 대해 궁검(弓劍: 왕이 무력에 의해 희생되었음)을 사이에 두고 통곡한다는 것이 과연 어떠한 감동에서 나온 것인가. 사선(死線: 삶과 죽음의 경계선)에 함몰된 비애로써 우리 모두 울어보자. 그러나 눈물로써 사선을 탈출할 수 없으므로, 정의의 결합을 한층 강고히 해 평화적 요구를 더욱더 강력하게 하자. 2,300만 민족의 마음과 힘이 하나가 되면 광포한 총검도 무서울 것이 못 된다.

현재 세계 대세는 식민지 대 제국주의 군벌의 전쟁과 무산자계급 대 자본가계급의 전쟁으로 전개되고 있다. 제국주의 군벌에 대한 전쟁은 민족적·정치적 해방을 목적으로 하는 것이며, 자본계급에 대한 전쟁은 계급적·경제적 해방을 목적으로 하는 것이다. 그러므로 식민지에 있어서는 민족 해방이 곧 계급 해방이고 정치적 해방이 곧 경제적 해방이라는 것을 알지 않으면 안 된다.

즉, 식민지 민족이 모두가 무산계급이며 제국주의가 곧 자본주의이기 때문이다. 그러므로 현재 우리는 당면한 적인 정복국의 지배계급으로부터 정치적 또는 경제적인 모든 권리를 탈환하지 않으면 사선에서 탈출하는 것은 불가능하다.
형제여! 자매여! 눈물을 그치고 절규하자! 전 세계의 피압박 민족과 무산자 대중은 모두 함께 정의의 깃발을 들고 우리와 함께 보조를 맞춰 나갈 것이며, 붕괴하고 있는 제국주의의 하나인 일본 지배계급도 운명이 다하고 있다는 것은 지자가 아닐지라도 누구라도 알 수 있다.
보라! 그들 관청의 기강은 혼란에 빠져들고 있지 않은가? 그들의 정당은 인간사냥의 도구로 되고 있지 않은가! 그들의 군비는 살아있는 인간을 어육으로 만들고 있지 않은가!
형제여! 자매여! 속히 전진하자! 최후까지 싸워 완전 독립을 쟁취하자!
혁명적 민족운동자단체 만세! 조선독립만세!
1926년 월 일 대한독립당 (인)

역시 권오설이 썼을 엽서 크기로 제작된 전단은 네 종류였는데, 각 엽서 전단의 내용은 비슷하면서도 조금씩 달랐다. 가장 수량이 많은 엽서 전단에 적힌 구호다.
“대한독립만세!”
“조선은 조선인의 조선이다!”
“횡포한 총독정치의 속박으로부터 벗어나자!”
“일본인을 조선에서 내쫓자!”

“삼천리를 광복 못 하면 2,000만은 죽어버리자!”

다음으로 수량이 많은 엽서 전단에는 일반 민중이 일본 통치에 저항하는 구체적인 행동지침이 11개 항으로 나열되어 있었는데, 그 일부는 이렇다.

“대한독립운동자여 단결하라!”
“일체의 납세를 거부하자!”
“일본 화물의 운송을 거부하자!”
“일본인 교사에게 배우지 말자!”
“일본인 지주에게 소작료를 바치지 말자!”
“일본인 공장의 직공은 파업하라!”

다음 엽서 전단은 가상의 단체인 대한농민의용단 명의로 인쇄되었는데, 대중경제와 직결되는 내용을 담았다.

“산업을 조선인 본위로 하라!”
“동양척식회사를 철폐하라!”
“일본인 이민제를 철폐하라!”

마지막 엽서 전단은 가상단체인 대한학생회 명의로 작성했는데, 주로 교육에 관한 요구를 담았다.

“조선인 교육은 조선인 본위로 하라!”

“보통교육은 의무교육으로 하라!”

“학교 용어는 조선어로, 학교장은 조선인으로 하라!”

이 전단들은 끝내 배포되지 못하고 경찰에 압수되어 버리지만, 내용만은 민족의 자존심과 진보적인 세계관을 함께 담고 있어서 3·1만세운동 때 민족 대표 33인이 낭독한 독립선언서보다 한결 발전되어 있었다. 일본으로부터의 독립이라는 목표는 같았으나 구체적이고 다양한 투쟁의 지침을 제시한 것이다.

박래원은 5월 28일 권오설을 찾아가 전단이 모두 인쇄되었으니 속히 전국으로 배포하자고 했다. 권오설은 김단야로부터 오기로 한 돈이 아직 오지 않아 지방 배포가 어려우니 인쇄물을 손재기 집에 보관하도록 했다. 박래원은 전날 찍은 나머지 인쇄물도 손재기 집으로 옮겨 안방에 숨겨 놓았다.

다른 한편, 경성역 수화물실에는 또 한 뭉치의 격문이 권오설이 찾으러 오기를 기다리고 있었다. 자금과 전단을 보내달라는 권오설의 편지를 받은 상하이부가 상하이 3·1인쇄소에서 인쇄한, ‘상(喪)에 복(服)하고 곡(哭)하는 민중에게 격(檄)함’ 5,000매였다.

이 격문의 운송을 맡은 김단야의 연락책 김필성은 1926년 5월 27일경 중국 안동현까지 가져온 다음, 국경 검문을 피하기 위해 낡은 이불에 싸서 작은 장롱에 넣은 다음 삼성운송점에 찾아가 이삿짐이라며 운송을 의뢰했다. 목적지는 평안북도 선천군 선천읍의 운송점이었다. 선천읍 운송점에서 이를 수령한 연락책 김항준은 화물을 다시 경성역으로 보내놓고 화물인환증을 갖고 상경, 조선일보사로 홍덕유를 찾아가 직접 전달했으며, 홍덕유는 다시 권오설에게 전달했다.

권오설은 경성역 수화물실에 격문이 도착한 것을 알았으나 찾으러 갈 수가 없었다. 지방으로 배부하기 위한 비용이 없었기 때문이다. 공연히 미리 찾아왔다가 경찰에 적발되면 큰일이라는 생각도 했을 것이다. 권오설은 일단 전단을 수화물실에 보관해 놓았다.

권오설의 역할이 전단 제작으로 끝난 것은 아니었다. 그는 인쇄가 진행되는 동안, 6·10투쟁지도특별위원회 책임자로서 연희전문 2학년이자 고려공청 회원이던 이병립과 권오상 등 조선학생과학연구회 학생들을 만나 고보생과 전문학교 학생들이 만세운동에 조직적으로 참여하도록 요청했다.

화요회 계열 사회주의 학생들의 조직인 조선학생과학연구회는 조선공산당이 창당되고 4개월 뒤인 1925년 9월에 결성되었다. 중앙고보의 이선호와 유면희, 연희전문의 이병립과 박하균, 경성제대의 이천진, YMCA의 박두종 등 70여 명으로 시작한 이 조직은 6·10만세운동은 물론, 1933년 조선학생회에 합류하며 해체될 때까지 학원가의 사회주의자 양성과 동맹휴학투쟁의 저변으로 활동한다.

투쟁하는 민족주의자들과의 연대는 이미 이뤄지고 있었다. 인쇄를 담당한 박래원과 격문을 숨겨준 손재기 등 인쇄와 배포 쪽은 모두 천도교인들이었다. 권오설은 김단야로부터 돈이 오지 않는 상황에서 더 이상 상하이부에 기대하지 않고 배포를 맡은 자금도 천도교에 의뢰하기로 했다.

권오설은 박래원에게 천도교의 중진 권동진을 찾아가 보도록 했다. 권동진은 강달영 등 조선공산당 인사들과 교분이 깊었으며 이번 만세운동에 대해서도 처음부터 잘 알고 있었다. 천도교 쪽은 격문의 인쇄는 물론 격문의 지방 배포와 지방 교인들의 만세시위 동원까지 맡기로 한 상태였다.

권동진은 박래원이 자금이 없어서 전단을 배포하지 못하는 사정을 말하자 즉석에서 1만 원은 자신이 마련해 보겠다고 답했다. 다만 천도교도 계통이 있으니 며칠 기다려 달라고 했다. 박래원과 권오설은 초조하게 하루하루를 넘기며 자금이 마련되기만을 기다렸다.

인쇄물 제작보다 배포에 많은 자금이 필요했던 이유는 배포 방법 때문이었다. 우편료와 교통비가 매우 비싼 시대여서 배포와 직접 배달 모두 적지 않은 비용이 필요했다.

우편 배포는 기본적으로 천도교 조직망을 통해 배포하기로 했다. 천도교에서 발행하는 『개벽』과 『신여성』, 『신민』 등의 잡지에 약간씩 넣어 『개벽』 지방지사, 각 지방의 종리원,

천도교청년동맹 지방부, 조선일보 지사, 노동단체, 농민단체, 청년단체, 소비자단체에 배포할 계획이었다. 심지어 조선총독부, 경기도청, 재판소, 군청, 학교 같은 관청에도 우송하기로 했다. 우편 배포는 양재식·이용재·민창식이 책임지기로 했는데, 일경의 철저한 우편 검열로 보내지도 못하고 발각될 위험이 매우 높았다. 보다 안전한 방법은 직접 사람이 운송하는 것이었다. 사전에 연락이 된 지방은 58개 시군이었다. 철도 노선에 따라 경부선·호남선·경원선·경의선 네 개 지역으로 나누어, 박래원은 대전으로 가서 호남선과 경부선 방면의 배포를, 민창식은 평양 또는 원산으로 가서 배포하기로 했는데, 이 역시 적지 않은 비용이 필요했다.

권동진이 자금 확보에 나서면서 이제 모든 문제가 해결된 듯했다. 설사 자금이 마련되지 않아 지방 배포를 못하게 되더라도 장례일 당일에 경성에서 학생들을 통해 일제히 배포하면 되니 큰 문제는 아니었을 것이다.

돌연 문제가 발생한 것은 거사를 4일 앞둔 6월 6일이었다. 차량 5대에 분승한 종로경찰서 형사대가 천도교당에 들이닥쳐 5만 장의 유인물을 압수하고 관련자를 체포해 간 것이다. 체포의 원인에 대해서는 경찰 조서와 동아일보 기사가 다소 다르다. 경찰 조서에는 개벽사 제본부에서 일하는 여성 노동자 하나가 손재기의 아내와 친해서 자유로이 그의 집에 드나들었는데, 하루는 우연히 전단이 들어있는 상자를 발견하고 격고문 두 장을 꺼내서 집에 가져간 것이 사건의 발단이라고 되어 있다.

여성 노동자가 무심코 유출한 전단은 남편과 친구의 손을 거쳐 중국돈 위조지폐범인 이동규라는 인물의 집에 한 장이 가게 되었다. 이동규는 격고문을 읽은 후 잘게 찢어 재떨이에 버렸는데, 하필 그 시점에 중국지폐 위조사건을 수사하던 종로서 형사들이 그의 집을 압수수색하다가 재떨이에 있는 수상한 종이를 발견해 들통난 것으로 되어 있다. 제본부의 여성 노동자가 주인집 안방에 들어가 상자에 넣어 꽁꽁 싸놓은 유인물을 멋대로 꺼내서 이웃과 돌려 보았다는 설정이 상당히 작위적이다.

반면, 동아일보는 권오설이 운반비를 모금하기 위해 만난 평북 선천군의 광산업자 안정식에게 준 전단인데, 안정식이 친한 사이인 위조지폐범에게 읽어보라고 건넨 것을 위폐사건을 조사하던 경찰이 발견했다고 보도한다. 처음은 다르지만 끝은 비슷하다.

항일운동가들의 경찰 진술에는 조직과 동지들을 보호하기 위한 거짓말이 매우 많아서 그대로 믿을 수 없지만, 신문 기사 역시 경찰의 발표를 토대로 기자의 추측이 더해져 사실과 다른 내용이 많다. 그럼에도 이 사건의 경우는 동아일보 기사가 보다 신뢰가 간다. 동아일보 기사 내용을 발췌하면 이렇다.

6월 4일 종로경찰서는 경상북도 경찰부로부터 "오사카에서 발각된 대규모의 중국지폐 위조사건의 관련자 3명이 경성에 잠입하였으니 체포하여 달라"는 통지를 받고 관련자로 지목된 이동규의 집을 급습했다.

경찰은 종로구 도렴동에 있던 이동규의 집 화장실에서 중국 위조지폐를 찾아냈는데, 이 과정에서 재떨이에 버려진 격고문을 발견되었다. 내용을 분석한 경찰은 즉각 격고문의 입수 경로를 역추적해 관련자들을 모두 연행해 수사에 들어갔고, 위조지폐범들은 격고문을 평안북도 선천에서 금광을 경영하는 안정식이라는 사람에게 얻었다고 자백했다.

6월 5일, 종로경찰서는 선천에서 안정식을 체포하여 6일 종로서로 압송해 취조한 결과 그 격문은 5월 초순에 전부터 친하던 권오설이 중대 계획에 필요하니 운동자금 5,000원을 제공해 달라고 요청하면서 격고문 2장을 주었는데 광산 문제로 지폐위조범들과도 친하던 터라 얼마 전에 이동규를 만났을 때 그중 한 장을 주었노라고 자백했다.

동아일보 기사는 경찰이 천도교당을 수색해 5만 장의 격문을 압수한 것은 별개 문제로 본다. 기사에 의하면 6월 6일 오전에 경찰이 『개벽』 7월호를 압수하기 위해 천도교당을 수색했는데 경찰이 철수한 후에도 잠복해 있던 조선인 형사가 여성들끼리 손재기의 안방에 숨겨 놓은 박스에 대해 이야기하는 것을 엿듣고 오후에 다시 경찰력을 동원해 손재기의 집 안을 뒤져 격문을 찾아냈다는 것이다.

이날 오후 천도교당 전체를 에워싸 봉쇄하고 가택 수색을 시작한 경찰은 손재기의 침실에서 석유상자 한 개와 버들상 자 한 개 속에 가득 들어 있는 격문을 전량 압수하는 동시에 그것을 증거품으로 그날 교당에 있던 사람은 어린아이, 여자 들까지 전부 50여 명을 연행했다. 경찰은 천도교당 내의 기 념관, 종리원, 개벽사, 청년당시무소 등 다른 공간도 낱낱이 수색했으나 다른 증거물은 나오지 않았다.

천도교당에서 연행된 50여 명 중에는 전단을 맡겨 놓은 당 사자인 박래원도 들어있었는데, 아직까지 조선공산당이 재 건되어 이 일을 주도했다는 사실을 모르는 경찰은 천도교 에서 벌인 일로 추측하고 천도교 제4세 교주인 박인호를 비 롯해 3·1만세운동 때 민족대표로 나섰던 인사들까지 도합 200여 명을 밤새 연행해 시내를 발칵 뒤집어 놓았다.

이날 손재기 집에서 압수된 문건은 정확하게 '격고문' 1만 265장과 엽서 크기 전단인 '대한독립만세' 2만 530장, '대한 독립운동자여 단결하라' 7,973장, '조선인 교육은 조선인 본 위로' 4,321장, '산업은 조선인 본위'로 7,670장, 합쳐서 5만 장이 넘었다.

경찰이 어떻게 알게 되어 격문을 압수해 갔는가와 상관없 이 만세운동의 계획은 뿌리째 흔들리게 되었다. 4일 앞으로

다가온 만세운동은 중대 위기에 빠져 버렸다.

　더구나 다음 날인 6월 7일 권오설도 체포된다. 체포된 박래원이 거듭된 고문을 이겨내지 못하고 권오설의 이름을 토해내고 만 것이다. 권오설은 장사동 112번지에서 체포되었다. 그의 체포 정황에 대해서는 동아일보 1926년 6월 22일자 기사에 나오는데 일본 경찰이 불러준 대로 쓴 기사라서 신뢰성은 떨어지지만 대강의 사정은 알 수 있다.

　장사동 112번지를 습격하여 방금 어디로 떠나려는 권오설을 체포한 것이다. 권오설은 그동안 경성에 들어와서 모든 일을 다 계획하여 놓고 전날 상하이에서 가지고 왔던 1,500원가량의 돈도 여러 가지 계획으로 모두 써버리고 달아날 여비조차 없어서 선천의 광산주 안정식에게 여비와 앞으로의 운동자금을 청구하였던 것도 뜻대로 되지 못하여 장사동에 숨어있다가 체포되던 그날(7일)에야 겨우 여비가 변통되어 막 그 집을 떠나 문 밖으로 나아가서 다시 어디로 멀리 달아나려 하던 차에 형사의 일대가 달려든 것이라는데, 권오설은 일이 이미 그렇게 되매 자기의 운명이 다한 줄 알고 모든 것을 단념하는 듯한 대담한 태도로 형사들을 향하여 "내가 지금까지는 도망하여 다녔으나 일이 이미 이렇게 되었으니 어쩔 수 없소. 여러분이 나 하나 때문에 무척 고심하여 온 모양이니 자 어서 잡아가시오" 하고 두 팔을 내 벌렸다 한다.

이렇게 권오설은 잡힌 것이다.

체포된 권오설은 누구보다도 가혹한 고문을 당해야 했다. 경찰은 유인물은 수거했으나 사흘 앞으로 다가온 국장일에 어디서 누가 시위를 일으킬지 알지 못했다. 권오설이 만세운동의 최고 책임자임을 알게 된 경찰은 무지막지한 고문을 가하며 조직 관계를 캐려 했다.

당시 독립운동가들 사이에는 체포되고 하루 동안은 동지들의 명단을 누설하지 않고 고문에 버티는 것이 불문율이었다. 어떤 독한 사람도 일본 경찰의 고문에 무한정 버틸 수는 없음을 전제로 한 동지들의 약속이었다.

일본 고등계 형사들의 수사기법은 잔인했다. 독립운동가를 체포하면 먼저 공놀이를 하듯 형사들이 둥글게 서서 가운데 사람을 넣고 주먹과 발로 때리는 집단구타로 시작해 일절 잠을 못 자게 하여 얼을 빼놓은 상태에서 공범들의 진술을 취합해 서로 다른 부분이 나오면 다시 집단 구타를 가하고 물고문, 전기고문, 대바늘로 손톱 찌르기 등 온갖 잔인한 체형을 가했다. 이렇게 며칠만 수사하면 아무리 강인한 투사라도 사건의 진상을 다 실토하기 마련이었다.

항일운동가 중에는 고문에 잘 버틴다고 해서 형사들로부터 '고문강자'라는 별명을 듣는 이들이 있었다. 하지만 이는 어떠한 진술도 하지 않았다는 뜻이 아니라, 동지들이 도피할 시간을 주기 위해 몇 시간 혹은 하루 동안 진술을 거부하고 고통을 참아냈다는 뜻이었다. 그것이 동지들의 약속이었다. 이런 사실을 모르는 채 동지들에 대한 정보를 진술했다고 배신자라 비난하는 것은 진정한 공포를 경험하지 못한 후세인들의 허세에 지나지 않았다.

권오설은 하룻밤이 아니라 사흘을 견뎌야 했다. 체포된 7일부터 국장일인 10일까지 시위 계획에 대한 어떤 단초도 누설하면 안 됐기 때문이다. 그리고 그는 이를 해낸다. 권오설은 홍남표, 구연흠, 이준태 등 조선공산당 간부들은 만세운동과 무관하며 자기 혼자 한 일로 일관되게 진술했다. 이에 따라 홍남표와 구연흠은 불구속으로 석방되자마자 상하이로 밍멍히는 데 성공한다. 경찰이 뒤늦게 그들을 체포하려 했을 때는 이미 멀리 달아나고 없었다.

조선학생과학연구회와의 관계도 함구한 결과 학생들의 시위는 예정대로 진행될 수 있었다. 대신 그는 온몸의 면역체계가 무너질 정도로 극심한 구타와 고문을 당해야만 했다.

8

1926년 6월의 함성

소설 평전

권오설 평전

경성에서의 만세운동은 사전에 200여 명이 체포되고 5만여 장의 유인물이 압수되면서 큰 타격을 입었으나 시위에 앞장서기로 한 학생 조직망인 조선학생과학연구회는 타격을 입지 않았다. 권오설이 살인적인 고문을 견디며 일체 함구했기 때문이다.

권오설의 지도를 받은 조선학생과학연구회 회원들은 5월 20일에 충정로 박하균 집에 모여 순종 장례식에 맞춰 거사할 것을 결의하고 연희전문 이병립, 중앙고보 5학년 이선호, YMCA 영어과 박두종, 경성제대 1학년 이천진을 지도부로 선출했다.

이병립은 만주 태생으로 중동학교를 거쳐 연희전문에 다니면서 신흥청년동맹과 고려공청에 가입한 인물로 이선호, 정달헌과 함께 조선학생과학연구회를 창립한 핵심이었다. 이선호는 안동군 예안면 출신으로 조선학생과학연구회 기관지 『과학운동』을 발행하고 있었다. 이천진은 함경남도 출생이고, 같은 나이인 박두종도 함경남도 홍원 출신이었다. 다들

23살에서 24살의 만학도들이었다.

이들은 6월 5일, 오늘의 북아현동에 있던 애기릉 솔숲에 모여 태극기 200장과 깃발 30장을 준비했다. 그런데 다음 날 천도교당에 숨겨 놓았던 5만 장의 유인물이 압수되었다는 소식을 들은 학생들은 곧바로 유인물 자체 제작에 들어갔다.

학생들은 6월 8일부터 장례식 당일 새벽까지 "이천만 동포의 원수를 구축하라! 피의 대가는 자유다. 조선 독립 만세!"등이 적힌 2종의 전단 1만 6,000여 장을 제작했다. 천도교당에서 압수된 전단은 활자를 조판해 찍어낸 정식 인쇄물로서 비용도 많이 들고 인쇄 기간도 길었는데, 학생들은 등사기를 이용해 속성으로 찍어낸 것이다.

등사한 전단과 태극기는 이선호가 중앙고보 권태성과 류면희, 연희전문 권오상·홍명식·박한복에게 교부했고, 류면희는 다시 태극기 30장과 격문 200매를 동기생인 이현상과 임중업 등에게 배부해 장례 행렬에 숨겨서 가져오도록 했다.

조선학생과학연구회와 별도로 만세운동을 준비한 고보생들도 있었다. 중앙고보 이동환·박용규와 중동학교 김재문·곽대형·황정환 등 5명이었다. 그들은 순종 장례식에서 만세운동을 벌이자고 모의하고 5월 23일 축구시합으로 위장해 민족의식이 있는 학생 50여 명을 모아 합의했다. 5월 29일 통인동 김재문의 집에서 "조선 민중아! 우리의 철천지 원수는 자본제국주의의 일본이다. 2천만 동포야! 죽음을 각오하고 싸우자! 만세, 만세, 조선 독립 만세!"라는 제목의 격문 5,000장 등 3만여 장을 등사했는데, 군중의 호응을 얻기 위해 본인들에게 통보하지 않은 채 동아일보 사장 김성수, 3·1운동 민족대표였던 최린과 최남선의 명의로 했다.

순종의 국장일이 다가오면서 조선총독부는 본국에 군대를 요청해 경성 요소요소에 무장한 군병력을 배치하고 부산항과 인천항에는 군함까지 띄워놓았다.

학생들은 등사한 인쇄물을 각 학교로 분배하는 과정에서 경찰의 검문에 걸릴 뻔했으나 격문 위에 책을 얹어 놓아 들키지 않았다.

순종의 장례 행렬은 1926년 6월 10일 오전 8시에 창덕궁을 출발해 종로 3가를 횡단하고 을지로를 지나 장지인 남양주 금곡으로 가게 되어 있었다.

조선총독부는 군중이 장례 행렬에 뛰어들지 못하도록 행진로 양쪽에 첩첩으로 진을 쳤다. 맨 앞에는 의장대 명목으로 기마경찰과 헌병을 도열시키고, 다음 줄에는 지도교사의 인솔 아래 학생 2만 1,000명을 배치했다. 일반인들은 그 뒤편에서 구경할 수 있도록 했는데, 뒷골목마다 무장 군인들이 대기하고 있어 유사시에 바로 진압하도록 했다. 수 킬로밖에 안 되는 시내에 배치된 일본 경찰과 군인의 수는 5,000명에 이르렀다.

8시 30분, 장의 행렬이 종로 3가 단성사 앞을 통과할 때였다.

강제로 동원된 학생 대열에 서 있던 이선호가 도로 중앙으로 뛰어나오면서 유인물을 뿌리고 태극기를 흔들며 외쳤다.

"조선 독립 만세! 조선 독립 만세!"

뒤따라 박용규·이동환·류면희·조흥제·임중업·이현상·최제민·권태성 등 중앙고보 학생 100여 명이 도로로 뛰쳐나가 유인물을 날리며 구호를 외쳤다. 군경은 즉시 이들을 덮쳐 무자비하게 구타하며 끌고 갔는데, 경찰에 붙잡힌 이선호는 트럭에 실려 가면서도 결박을 당한 양손을 치켜들며 연신 만세를 불렀다. 다른 학생들도 경찰과 일본군의 몽둥이에 맞아 피를 흘리며 끌려가면서도 만세를 외쳤다. 이때 앞장선 중앙고보 이현상은 훗날 빨치산부대 남부군의 지도자가 되는 바로 그 인물이다.

장례 행렬이 청계천 관수교에 오자 이번에는 보성전문 학생들이 일제히 만세를 외치고 유인물을 뿌리며 시위를 벌였고 동시에 도로 맞은편을 맡고 있던 연희전문 학생들도 뛰어나가며 만세를 외치고 태극기를 흔들었다. 경찰은 한일청 등 전문학교 학생 40여 명을 현장에서 체포, 연행했다.

9시 30분, 장례 행렬이 현 국립중앙의료원인 도립사범학교 앞을 통과할 때는 YMCA 박두종 등이 선봉에 나서고 경성제대 이천진이 훈련원 장례식장 뒤편에서 만세 함성을 이끌었다. 이 과정에서 사범학교 학생들과 경찰 사이에 격렬한 싸움이 벌어져 학교 담장이 무너질 정도였다. 현장은 일본 관헌의 무자비한 폭력으로 유혈이 낭자했다.

수는 경성보다 적었으나 지방 곳곳에서도 작은 시위와 항의가 벌어졌다. 전북 고창에서는 고창고보 학생 50여 명이 만세를 벌였고 인천 만국공원에서도 수십 명이 조선 독립 만세를 불렀다. 순창·정주·군산·대구·나주·울산·평양·홍성·공주·파주 등지에서도 학생과 주민들이 추모식이나 동맹휴학을 벌였다. 개인적으로 벽보 쓰기, 태극기 게양하기 등으로 저항하다 체포되는 이들이 속출했다.

이날 경성에서만 여덟 차례의 시위가 벌어져 150여 명이 현장에서 체포되었고, 수사가 진행되면서 권오상·박하균·홍명식·이천진·이선호 등이 추가로 체포되어 조사를 받았다. 권오상의 경우는 안동 가일마을 고향집에 내려가 있다가 20일 만인 1926년 8월 1일에 체포되어 경성으로 압송된다.

체포된 이들에 대한 고문은 가혹했다. 권오설이 그랬던 것처럼, 권오상도 죽음에 이르도록 참혹한 고문과 구타를 당했다. 사건 당시 권오상의 나이는 26세로 다른 학생들보다 여러 살이 더 많은 데다 권오설과 함께 고려공청의 핵심으로 활동했기 때문이다.

경찰은 늦게 체포된 권오상에게 6·10만세운동에 대해서는 거의 묻지 않고 고려공청 및 조선공산당과의 관계에 대해 집중 취조했다. 6·10만세운동은 사건 내용이 단순한 데다 이미 수사가 끝나 검찰에 넘어가 버렸기 때문에 새로운 사실이 드러난다 해도 구속자 전원을 재조사해야 하는 번거로움을 감당하고 싶지 않았을 것이다. 그러나 공산당 2차 집행부에 대한 수사는 계속되고 있었으므로 권오상은 다른 학생보다 훨씬 가혹한 고문을 당해야만 했다.

권오상은 재판도 6·10만세운동이 아닌 조선공산당사건으로 받았다. 징역 1년형을 언도받고 복역하던 중 건강 상태가 급격히 악화되자, 일경은 그가 감옥에서 죽지 않도록 긴급히 병보석을 시켜버렸다. 1928년 5월 15일 인사불성 상태로 출감한 그는 고향집에 돌아온 지 2주일 만인 6월 3일 숨을 거두었다.

같은 권씨 문중으로 중앙고보에 다니던 권오운도 6·10만세운동으로 체포되어 감옥살이를 하다가 권오상보다도 더 빠른 1927년에 고문후유증으로 사망했다. 이로써 가일마을에서만 3명이 목숨을 잃었다. 권오설이 1897년생, 권오상은 1900년생, 권오운은 1904년생으로, 사망 당시 권오운의 나이 24살이었다.

6·10만세운동은 3·1만세운동에는 비교도 할 수 없이 작은 규모였으나 이른바 문화정책으로 인해 국내 항일운동이 거의 소멸 상태였던 시기에 일어난 투쟁이라는 점에서 의미가 컸다. 천도교의 참여로 민족주의와 사회주의 투쟁세력 간의 연계가 이뤄졌다는 점, 압수되기는 했으나 유인물에서 사회주의적인 요구를 내세웠다는 점도 의미가 있었다.

만세운동은 끝났으나 조선공산당에 대한 파괴는 계속되었다. 강달영 추적에 주력하던 경찰은 7월 17일 종로구 권농동 유도여관에 기숙하며 바나나 행상으로 변장해 동지를 만나러 가던 그를 체포했다.

그러나 강달영은 일절 입을 열지 않고 단 한마디도 하지 않았을 뿐 아니라 4번이나 자살을 기도했다. 동지들이 피신할 시간을 주기 위함이었다. 하루가 지난 18일이 되어 동지들이 피신한 후에야 조금씩 진술을 시작한 그는 19일이 되어서야 자신이 조선공산당 책임비서임을 인정하고 비밀문서들은 중앙위원 전덕에게 맡겼다고 실토한다.

경찰은 곧장 전덕을 조사해 강달영이 맡긴 문서 다발을 보성고보 학생 전현철에게 맡겼음을 알아냈다. 전현철로부터 압수한 공산당 문서 다발은 검은 포장지에 싸인 조선공산당의 공문·규칙·선전문서·통신문안·예산안·의사록·일지·보고문서 등 30종이었는데, 중요한 문서는 부호와 암호로 되어 있었다. 또한 돌에 새겨진 공산당 인장도 나왔다.

문서의 암호는 강달영이 창안한 것이었다. 경찰은 강달영에게 해석을 하라고 혹독한 고문으로 다그쳤으나 강달영은 암호 해독 방식에 대해 일체 입을 다물었다. 도저히 강달영을 이길 수 없던 일경은 고등계 주임 미와 와사부로(三輪和三郎)를 비롯한 일본 형사들과 종로경찰서 순사부장이던 김면규 등 3명의 조선인 형사들과 함께 조선의 고문자와 변형된

문자며 고문서 등을 비교 분석하여 55시간 만에 조선공산당 문서의 암호와 부호를 풀어냈다. 강달영이 체포되고 3일 만인 7월 21일 밤의 일이었다.

암호 해독으로 공산당의 전모를 파악한 경찰은 다음 날인 22일부터 또다시 대량 체포를 시작했다. 시내 45개소에 경계망을 치고 도쿄경시청 등 30개 경찰서에 의뢰 전보를 쳐서 경성에서 26명, 지방에서 17명을 체포해 엄중한 심문에 들어갔다. 22일에 체포된 이들 중에는 2차 집행부의 유일한 여성집행위원으로 여성단체를 담당했던 주세죽도 있었다. 주세죽은 함경남도 안변군에 있는 석왕사에서 체포되어 종로서로 인치된다.

새로 끌려온 이들이 진술을 하면서 기존에 구속되어 있던 권오설과 강달영이 동지들을 보호하기 위해 했던 거짓 진술이 드러나기 시작해서 또 한 차례의 혹독한 고문을 받아야 했다.

경찰 수사는 자꾸 늘어나 강달영 등 43명은 8월 10일이 되어서야 검사국에 넘겨졌다. 죄명은 치안유지법 위반이었다. 이로써 조선공산당 2차 집행부와 고려공청은 6개월 만에 활동이 끝나고 말았다. 그리고 2차 집행부의 중앙집행위원 중 체포되지 않았던 김철수를 중심으로 한 3차 집행부가 극비리에 구성된다.

경찰이 조선공산당의 네 차례 집행부 중에도 유독 2차 집행부에 잔혹한 고문을 가한 이유는 비밀조직만 했던 다른 집행부와 달리 6·10만세운동이라는 실천운동을 했기 때문일 것이다.

고문이 얼마나 가혹했는가는 호남형이던 강달영과 강인한 인상의 권오상, 그리고 권오운이 경찰서에서 찍은 초췌한 사진만 보아도 알 수 있다. 얼마나 잠을 못 자고 모진 구타와 고문을 당했는지, 세 사람은 모두 본래의 모습과 달리 얼굴이 붓고 눈에는 총기가 사라져 멍한 표정을 하고 있다. 4번이나 자살을 기도했던 강달영은 이미 넋이 사라져 사진기도 제대로 바라보지 못하고 있다. 강달영은 끝내 정신병에 걸려 해방을 맞기 전에 사망한다.

일본의 식민지정책은 모든 면에서 겉과 속이 다른 이중성을 갖고 있었는데, 사법정책도 예외가 아니었다. 법적으로는 모든 사람이 공평하게 재판받을 권리며 재판부 기피신청 같은 민주적인 제도가 명시되어 있었고 수사 과정의 구타와 고문은 금지되어 있었으나 형식상의 문구에 지나지 않았다. 경찰의 구타와 고문은 당연한 일상처럼 행해졌는데, 그나마 고문을 당하는 사람만 해도 운이 좋은 편이었다. 함경도 같은 변방이나 만주에서는 일본군이 항일운동가를 체포하면 재판 과정도 없이 즉결처형해 버릴 권한을 가지고 있었고, 실제로 사람을 죽여 장터 입구에 매달아 놓는 등 무자비한 살상이 자행되었다.

일본 경찰이 고문을 가하는 이유는 겉으로는 상처를 남기지 않으면서 고통을 주기 위함이었다. 명백한 상처가 남을 경우 변호사가 재판정에서 문제를 삼을 수 있었기 때문이었다. 물론 문제를 삼는 것까지만 가능했다. 일본의 어떤 재판관도 피고가 고문을 당했다고 해서 경찰을 처벌하지는 않았다. 오히려 수사 과정의 가혹행위는 권장되고 있었으며, 그 기법은 출세에 미친 조선인 형사들에게 전수되어 더 큰 효과를 보았다.

일본 경찰은 공산주의자들을 양파나 죽순에 비유하며 아무리 껍질을 까도 속에 또 껍질이 있다고 비아냥댔다. 거짓말쟁이라는 비난이었다. 그러나 항일운동가들의 입장에서 일본 경찰과 헌병은 적군이었다. 전쟁 때 야간 기습이나 민간인으로 위장한 유격전이 비겁한 행위가 아니듯이, 일본 관헌에게 거짓말로 기만하거나 반성하는 척 위장하는 것은 죄가 아니었다. 자신의 죄를 부정하고 동지들의 이름을 지키는 것은 형량을 줄이기 위함이 아니라 적으로부터 아군의 역량을 보존하기 위함이었다.

마찬가지로, 일본 경찰의 입장에서 조선인 항일운동가는 적이었다. 애써 차지한 한반도를 되찾으려 공격하는 항일운동가들에게 구타와 고문을 가해 활동을 못 하게 하거나 죽게 만드는 것은 죄가 아니었다. 따라서 순순히 사실을 털어놓는다 해도 구타와 고문을 피할 수는 없었다. 사상범이 아니라 민족운동가나 일반 범죄자도 구타와 고문이라는 관행에 노출되기는 마찬가지였다. 경찰서에 끌려갔다 온 후로 평생 고생하다가 일찍 병들어 죽는 사람이 수다했다.

강달영 집행부 이후에도 두 차례 더 집행부가 대량 검거되었고, 조선공산당 관계자 중에서 고문후유증으로 사망한 이는 수십 명으로 확인되는데 정확한 숫자는 알 수 없다. 지방의 이름 없는 공산당원들은 재판에 넘겨지지도 않은 채 즉결처형되는 일이 흔했기 때문이다. 실제 충남 대덕군 외진 시골 동네에서 체포한 항일운동가를 끌고 가다가 산속에서 사살해 버렸다는 증언이 존재한다.

김재봉·강달영·박순병·권오설·권오상·권오운·백광흠·김재병·이재유·박길양·고광수 등 조선공산당 당원으로 항일부쟁을 하다가 고문으로 숨진 이들의 명단은 100년이 지난 아직도 정확히 정리되지 않았다. 영원히 정리할 수 없을지 모른다.

훗날, 시인 임화는 「청년의 6월 10일로 가자」는 시로 6·10만세운동으로 숨겨간 동지들을 추모한다. 이 시는 만세시위 20년 후인 1946년 6월 1일 『조선인민보』에 실렸다.

죽은 왕자(王者)를 위해서가 아니라
산 동포의 자유를 위하여
싸홈의 뜨거운 씨를 뿌리든

수무 해 전 6월 10일

항일전선의 긴 대열로
묵묵히 걸어가든 청년의 가슴속엔
조국의 첫녀름 하날이
먼 바다처럼 푸르러

아아 죽엄도

오히려 황홀한 영광이었든
영원한 6월 10일을 위하여

　사회주의 문화운동의 선구자로 감옥살이를 했던 임화는 조선공산당의 시선 그대로 6·10만세운동이 순종의 죽음을 기리고 조선 왕조를 복원하려는 운동이 아니라고 쓴다. 죽은 왕을 위해서가 아니라 산 동포의 자유를 위한 해방운동이었다고 쓴다. 항일전선의 긴 대열로 묵묵히 걸어가는 애국 청년들 앞에 푸른 하늘이 열렸다며 축원한다.

9

재판

권오설 평전

6·10만세운동에 대한 첫 재판은 사건 10개월 만인 1927년 4월 3일에 시작되었다. 구속된 학생 중 최종적으로 재판에 넘겨진 이병립, 이선호, 류면희 등 10명에 대한 검사의 논고는 사건의 내막을 정확히 파악하고 있었다. 조선공산당 권오설의 지시로 시위를 계획했으나 천도교당에 숨긴 격문이 발각된 후 학생들이 주도적으로 격문을 인쇄해 만세운동을 일으켰다는 내용이었다.

검사가 만세운동이 조선공산당의 지시로 시작되었다고 밝히면서도 학생들의 시위로 국한해 재판에 넘긴 이유는 공산당과 만세운동을 엮을 경우 공산당에 대한 대중의 지지를 불러일으킬까 우려했던 것으로 보인다.

이날 검사의 논고 중에는 마음을 고치는 태도가 없다는 내용이 나온다.

이제 형벌의 양을 정함에 있어서는 피고들의 한 행동으로 말미암아 일반 인심에 미친 영향과 그 결과는 결코 적다 할 수 없으며 더욱이 국장 당일 격문서 살포로 말미암아 일반 군중은 그것이 폭탄이라고 하여 크게 소동케까지 하였었는데 더욱이 피고들이 당 법정에서 답변하는 태도를 보면 자기네 한 일이 끝까지 정당한 일이라고 주장하여 '마음을 고치는' 태도가 없으며….

당시 한국인 사회주의자들의 혁명에 대한 믿음은 확고했다. 혹독한 고문과 지옥 같은 감옥살이를 견디지 못하고 치욕스러운 반성문을 쓰고 나올지라도, 고문과 감옥살이에 대한 두려움으로 혁명운동 일선에서 물러나 소시민적으로 살아가는 사람들조차도, 민족의 해방과 평등한 세상에 대한 마음은 변함이 없었다.

일반 민중의 지지도 대단했다. 때마침 차가운 봄비가 내려 우중충한 날씨임에도 6·10만세운동 재판이 열린 경성지방법원 제3호 법정에는 수많은 인파가 몰려들었다. 재판받는 학생들을 응원하기 위함이었다. 제한된 방청석보다 훨씬 많이 몰려온 사람들은 법정 주변에 모여 있다가 경찰에 의해 재판소 담장 밖으로 밀려났어도 집에 가지 않고 거리에서 비를 맞으며 재판 결과를 기다렸다.

이듬해까지 계속된 학생 재판에서 이병립은 징역 1년, 집행유예 5년을 선고받고 1927년 9월에 석방되지만 출옥 당일 조선공산당사건과 관련해 바로 구속되어 징역 2년을 산

후 만주로 건너가 민족학교 교사로 일한다. 이선호는 징역 1년, 류면희는 징역 1년에 집행유예 3년을 받고 석방된 후 계속해서 항일운동에 종사하다가 1945년 1월 25일 해방을 반년 앞두고 감옥에서 사망한다. 기소유예를 받아 재판에 넘겨지지 않고 풀려난 중앙고보 이현상의 경우는 이후 조선공산당사건과 경성트로이카사건 등으로 수차례 구속되어 도합 14년에 이르는 감옥살이를 한다.

학생 재판 시작일로부터 6개월 후인 1927년 9월 13일에 시작된 조선공산당 재판에 대한 대중적 관심은 더욱 컸다. 구속자의 대부분은 대중강연과 단체활동을 통해 널리 알려진 유명인사들이었고, 독립운동의 주역으로 등장한 조선공산당에 대한 호기심도 컸다.

경찰은 조선공산당을 1차 공산당, 2차 공산당으로 시차를 두고 발표했으나 두 공산당의 연속성을 중시해 강달영 집행부 사건을 따로 구별하지 않고 조선공산당사건으로 묶어 재판에 넘겼다. 관련자가 많은 만큼 방청을 요구하는 이도 많았다. 법원 내 소요사태를 우려한 경찰은 방청권을 교부받은 사람만 법정에 입장시키겠다고 발표했는데, 일반 방청권이 83매, 특별 방청권이 21매로 104장에 불과했다.

경성지방법원의 군게 닫힌 정문 앞은 재판 전날인 9월 12일 늦은 밤부터 소란해졌다. 경찰 수백 명이 주변을 삼엄하게 경계하는 가운데, 방청권을 받으려는 독립운동가들의 가족과 사회단체 운동가들이 꾸역꾸역 모여들기 시작한 것이다.

마침 차가운 가을비가 내리고 있었다. 어디 앉을 데도 없는 사람들은 가로등도 없고 달빛도 없는 깜깜한 길거리에 서서 아침을 기다려야 했다. 그래도 서로 아는 얼굴들 아니면 한 다리만 건너도 알 만한 사람들이었다. 서로서로 인사를 나누고 현실을 성토하며 밤을 꼬박 새웠다.

조선일보는 9월 14일 자 지면의 대부분을 이 재판에 관한 기사로 메우는데, 그 내용의 일부다.

멀리 수백 수천 리의 고향에서 정겨운 남편, 부모를 삼 년 동안이나 이승의 지옥인 감옥에 두고 무지몽매한 피고들의 처자며 귀여운 아들의 초췌한 형용이나마 보려고 산 넘고 물 건너온 피고들의 부모와 기타 오랜 친구들로 재판소의 문 앞은 아직 동틀 무렵의 검푸른 하늘이 보이기도 전부터 사람들로 법석이었으며 지금까지 없었던 사건의 대공판인 만큼 만일을 경계하기 위하여 전날 밤부터 쏟아지는 찬비를 맞으면서 경계에 분망한 정사복 경관들의 발자국 소리가 넓은 법원의 고요한 건물에 반향되는 것도 보는 사람으로 하여금 특이한 느낌을 느끼게 하였다.

아직 깜깜한 새벽 4시 30분부터 방청권 교부가 시작되었다. 재판소 정문의 동편 통용문을 열어 종로서 경관들이 한 명씩 신원조사를 한 후 안으로 들여보내면 안쪽의 임시 천막에서 법원 서기가 방청권을 교부했다. 재판받는 독립운동가는 101명인데 방청권 수가 83매에 불과해 가족 중에도 일부 외에는 대부분 방청권을 받지 못했으나 돌아가는 사람 없이 함께 9시 재판을 기다렸다.

날이 밝을 무렵부터는 독립운동가들이 수감된 서대문형무소에서 재판소에 이르는 2.5킬로 거리에는 수많은 사람들이 몰려나오기 시작했다. 먼발치에서라도 독립운동가들의 모습을 보고자 하는 이들이었다. 흰옷을 입은 군중이 연도에 길게 서 있는 광경은 3·1만세운동이나 6·10만세운동과 같은 분위기였다.

6시 20분, 서대문형무소 정문이 열리며 자동차 3대가 꼬리를 물고 빠져나왔다. 차에는 각각 독립운동가 9명과 간수 3명이 타고 있었는데, 독립운동가들은 수갑이 채워진 채 포승줄에 묶인 데다 머리에는 눈 부분에만 구멍이 뚫린 삼각뿔 모양의 용수를 뒤집어쓰고 있었다. 용수는 죄수들이 다른 이들과 인사하는 것을 막고 죄수에 대한 혐오감을 자극하기 위한 기구였다.

형무소를 나온 자동차들은 연도에 도열한 흰옷의 시민들을 지나 경성지방법원으로 향했다. 군중이 몰려 있는 법원 앞에는 서대문경찰서에서 출동한 정사복 경찰관들이 고함을 치고 돌아다니며 수송 차량 근처에 접근도 못하게 하고 일체 사진 촬영을 금지시키고 있었다. 그 외중에도 가족과 동지들의 얼굴을 알아보고 하얀 손수건을 흔들어 보이는 독립운동가도 있었다.

조선일보는 이날의 법정 주변 광경을 이렇게 그린다.

이송시킨 피고들은 이송되는 대로 즉시 3호 법정에 수용하였는데, 피고들의 자동차가 지날 때마다 누가 오나 하는 궁금한 생각으로 휘장 친 자동차 창을 들여다보고자 기웃거리는 피고의 가족들의 졸이는 광경은 차마 인정을 가진 자로는 견디기 어려웠는바, 피고 중에 애인을 둔 모모부인 운동자와 기타 부인 운동자와 단발한 여성들은 전날 밤부터 재판소 이웃 음식점에 와서 졸이는 가슴으로 하룻밤을 새웠으며, 피고 중 홍증식의 부인은 병으로 병상에 누어 형영이 초췌하고 기운을 수습하지 못하여 12일에도 응급주사를 맞고 앓았었음에도 불구하고 찬비를 무릅쓰고 새벽부터 재판소 문전에 와서 기다리는데 워낙 기력이 쇠퇴한 데다가 새벽바람과 가을비를 맞아서 추위를 억제치 못하고 몸을 미처 겨누지 못하는 것이 비극 중에도 비극이었더라.

간수들도 평소와 달리 권총까지 차고 있었다. 간수들은 1차로 도착한 독립운동가들을 제3호 법정에 들여 보낸 후 차를 돌려 다시 서대문형무소로 출발했다.

4번의 수송 끝에 법정에 도착한 독립운동가는 모두 94명이었다. 원래 재판을 받아야 할 인원은 102명이었는데, 박순병이 수사 도중 고문으로 사망해 101명으로 줄어들어 있었다. 박순병은 함경북도 온성 출신으로 화요회 계열의 모든 단체에서 열정적으로 활동해 온 고려공청 후보위원이었다. 역시 맹렬한 활동가로 이번에 재판을 받는 박일병의 친동생이기도 했다. 그런데 재판받는 이들은 박순병이 사망했다는 사실을 모르고 있었다.

101명의 피고 중에 이날 94명 밖에 출정하지 못한 이유는 6명은 병에 걸려 있었고 1명은 탈주했기 때문이다. 탈주한 이는 도쿄제대를 나와 조선공산당 중앙집행위원으로 활동하던 주종건으로, 3월에 병보석으로 석방되자 경찰을 따돌리고 모스크바로 망명해 버렸다.

병에 걸려 출정하지 못한 6명 중 백광흠·김동부·신철수는 고문으로 인한 신경쇠약으로 진단을 받았고 나머지는 폐병과 맹장염이었다. 신경쇠약에 걸린 이들은 정신이 망가질 정도로 고문을 받았다는 뜻으로, 몸 역시 성할 수가 없었다. 이들 중 조선노농총동맹 집행위원 백광흠은 병이 깊어져 그해 12월에 병보석되었으나 해를 넘기지 못하고 사망한다.

오전 8시가 되자, 일반 방청인에 한해 재판소 정문을 통과시켰는데, 재판정 안에 들어가려면 우산, 담배, 성냥을 모두 맡기고, 손과 주머니에 아무 것도 없이 들어가야 했다. 법정 안에는 서대문형무소 간수들과 붉은 테 모자를 쓴 정복 경관, 사복형사와 헌병대 정찰계원이 방청객 수보다 더 많이 대기하고 있었다.

재판소 밖에서는 여전히 몰려든 인파를 해산시키려는 순사들의 고함과 기마경찰들의 말발굽 소리가 시끄러운 가운데, 94명의 독립운동가들은 오전 10시가 되어서야 용수를 쓰고 수갑에 묶인 채 재판정에 입정했다. 법원 정리(廷吏)들이 용수를 벗기고 수갑을 풀어주고서야 서로 얼굴을 알아보게 된 이들은 말은 나눌 수 없어도 반가운 눈인사를 교환하고 방청석의 가족을 돌아보며 미소를 지어 보였다.

제3호 법정은 상당히 넓은 법정이었으나 독립운동가 94명과 일반 방청객 100여 명 서대문형무소 간수 20명이 독립운동가와 일반 방청객 사이에 줄지어 서서 경계하고 종로경찰서 정·사복 경찰이 방청객 사이에 촘촘히 배치되어 있어 모두 300여 명이나 들어차니 움직거릴 공간도 없었다.

법정 동편에 늘어선 변호사석에는 새로 만든 책상 9개에 사건을 맡아 도쿄에서 건너온 일본인 후루야 사다오(古屋貞雄)을 비롯한 10명의 변호사가 앉고 맞은편에는 18개 신문사 기자 18명이 두 줄로 나란히 앉아 취재를 했다.

피고인들은 재판장을 마주보고 8열로 나눠 앉았다. 대부분 옥양목 혹은 모시로 지은 조선옷을 입었으나 돈이 없어 푸른 죄수복을 입은 이도 있었는데, 하나같이 왼쪽 가슴 아래 죄수번호가 박음질된 번호표를 붙이고 있었다. 학생 시위를 지휘했던 이병립만은 유일하게 기결수 복장인 붉은 죄수복을 입고 있어 눈에 띄었다. 만세사건으로 이미 판결을 받아 기결수가 되어 있었는데, 공산당사건으로 추가 재판을 받게 된 것이다.

재판에 임하는 독립운동가들의 태도는 당당했다. 재판장이 심리를 위해 편의대로 독립운동가를 하나씩 불러 직업과 출생일, 출생지를 질문했는데 대답도 제각기였다.

재판장이 박태선에게 직업을 묻자, 잡히기 전까지는 원산청년연합회 상무집행위원이었는데 경찰이 그것은 직업이 아니라며 무직으로 기재했다고 말해 법정을 웃음바다로 만들었다.

박일병은 판사의 질문에 자기는 빈혈로 귀가 먹먹해 마치 귀머거리와 같으니 말을 크게 해달라고 재판장에게 요구했다. 이에 재판장이 의자를 갖다 주게 하여 바로 앞에서 공술하게 했다. 이를 본 이봉수도 판사를 놀리기 위해 자기는 인후통으로 말을 크게 못하겠다고 주장해 판사 바로 앞에서 공술했다.

붉은 수의를 입은 이병립은 직업을 묻는 판사에게 "지금은 형무소 신세를 지고 있지만 그 전에는 학생이었소"라고 답해 웃음을 자아냈다.

이렇게 시작된 공판은 이듬해 2월까지 6개월이나 계속되는데, 피고인들과 변호사들의 항거로 매번 소란스러웠다.

특히 초대 고려공청 책임비서 박헌영은 대단했다. 1900년 충남 예산에서 출생한 그는 경성고보 재학 중 3·1만세운동에 참가한 것을 시작으로 항일운동에 뛰어들어 상하이로 망명해 재상하이 고려공청 책임비서, 이르쿠츠크파 고려공산당 기관지 편집장 등으로 활동하다가 국내에 들어와 조선공산당과 고려공청의 창립을 주도한 인물이었다.

박헌영은 2회 공판일인 9월 15일에 재판부가 방청 금지를 선언하자 이에 항의해 식민지 법정의 공용어인 일본어로 유창하게 발언했다.

"우리는 무산계급의 전위가 되어 일하는 터인데, 방청을 금지하고 엄중한 경계를 행하는 것은 곧 무산계급을 억압하는 것입니다. 이런 상태에서는 우리는 이 재판을 인정하지 않겠습니다. 재판장 마음대로 우리에게 징역형을 판결하시오."

박헌영은 9월 20일에 열린 4회 공판일에는 더욱 맹렬하게 항의했다. 신문기자로 고려공청에서 활동하던 박순병은 1926년 8월 25일 종로서 고등계 형사들의 고문 도중 장 파열로 사망했는데, 구속자들은 정보가 차단되어 있어 이 사실을 뒤늦게 알게 되었고 박헌영이 이에 항의하며 재판정을 뒤집어 놓은 것이다. 그는 박순병을 살려내라고 울부짖으며 판사에게 신발을 던지거나 배석 중인 고등계 형사들을 내보내라고 안경을 던지는 등 맹렬히 싸웠다.

이 사건은 보도 통제에 따라 "박헌영이 사망한 동료의 죽음에 항의하는 발언을 했다"는 짧은 기사로만 남아 있었는데, 한국의 역사학자들이 근래에 발굴한 러시아의 구 소련 문서를 통해 자세한 내막을 알 수 있게 되었다.

박헌영은 아침 9시 개정되자마자 격렬한 발언을 시작했다.

"당신네는 법률이 있다고 말합니다. 그 말은 거짓입니다. 법률에 의거하고 있다 하면서도, 당신네는 심리 중에 온갖 고문을 가해서 우리를 불구자로 만들었습니다. 우리가 오늘 법정에 서 있는 것은 아직 우리가 어떻게든 살아 있는 덕분일 뿐입니다. 우리 박순병 동무를 왜 죽였습니까? 우리는 그가 죽었음을 바로 여기서 알았습니다. 그 사람을 회상하니 분노를 참을 수 없습니다."

박헌영이 울분을 참지 못하고 통곡하자 동지들도 울음을 터뜨려 재판이 중단되었는데, 11시에 재개된 재판에서도 박헌영은 일본의 지배에 대해 맹렬한 비난을 멈추지 않았다.

"박순병 동무는 우리의 적, 바로 당신들에게 살해됐습니다. 정말로 우리 동무를 추도해서는 안 되는 겁니까?"

박헌영이 경찰과 검찰의 고문을 폭로하며 방청객을 허용하고 재판부를 바꾸라고 거세게 항의하는 바람에 재판은 다시 중단되었다. 변호사들이 박헌영을 설득해 고문에 대한 별도의 소송을 제기하겠다고 약속하여 오후 1시 40분에 재개되었다.

박헌영은 매번 재판 때마다 맹렬한 항의를 선도했고 감옥에 돌아가면 경찰과 간수들에게 무지막지한 폭행을 당했다. 그래도 그의 사기는 꺾이지 않았다. 하도 많이 맞아서 정신착란까지 생겨 자살을 기도하고 자기 똥을 퍼 먹기까지 하다가 변호사들의 집단 항의로 병보석이 되자 아내 주세죽과 함께 모스크바로 망명하는데, 1928년 11월 20일 꼬민테른에 제출한 자필 영문 이력서에 이렇게 쓴다.

"나는 법정에서 일본 재판관에 반대해 투쟁한 것이 문제가 되어 감옥에 돌아와서 심한 고문을 당했다. 그 결과 나는 1927년 9월 말까지 의식을 잃었다."

당시 박헌영의 몰골이 얼마나 참혹했던가는 『상록수』를 쓴 소설가이자 친구였던 심훈이 쓴 시 「박군(朴君)의 얼굴」에 잘 표현되어 있다.

이게 자네의 얼굴인가?
여보게 박군, 이게 정말 자네의 얼굴인가?

알코올병에 담가놓은 죽은 사람의 얼굴처럼
마르다 못해 해면(海綿) 같이 부풀어 오른 두 뺨
두개골이 드러나도록 바싹 말라버린 머리털
아아 이것이 과연 자네의 얼굴이던가?

쇠사슬에 네 몸이 얽히기 전까지도
사나이다운 검붉은 육색(肉色)에
양 미간에는 가까이 못할 위엄이 떠돌았고
침묵에 잠긴 입은 한 번 벌리면
사람을 끌어당기는 매력이 있었더니라

4년 동안이나 같은 책상에서
벤또 반찬을 다투던 한 사람의 박은
교수대 곁에서 목숨을 생으로 말리고 있고
C사(社)에 마주 앉아 붓대를 잡을 때
황소처럼 튼튼하던 한 사람의 박은
모진 매에 장자(腸子)가 꾸여져 까마귀밥이 되었거니

이제 또 한 사람의 박은
음습한 비바람이 스며드는 상하이(上海)의 깊은 밤
어느 지하실에서 함께 주먹을 부르쥐든 이 박군은
눈을 뜬 채로 등골을 뽑히고 나서
산송장이 되어 옥문을 나섰구나

　　이미 조선공산당과 고려공청을 조직한 핵심 지도자로 부상
한 박헌영은 법정투쟁을 통해 더욱 널리 신망을 얻어 해방되
기까지 국내 사회주의운동의 최고 지도자로 활동하게 된다.

권오설도 만만치 않았다. 고향 가일마을에서는 항상 신분
이 낮은 아이들의 손을 다정스럽게 잡고 다니고 어른들에 대
한 예의범절에 철저했던 권오설이지만, 경찰에서 조사를 받
을 때부터 일본인들에게는 일절 존댓말을 쓰지 않았다.

"권오설인가?"

형사가 물으면 반말로 답했다.

"그렇다."

일본어로 쓰인 다른 피고들의 조서는 대부분 존댓말로 되
어 있는데, 권오설의 조서는 처음부터 끝까지 반말이었다. 재
판정에서도 마찬가지였다. 판사가 취조를 하려 하자 거꾸로
고함을 질렀다.

"네 놈들이 왜 나를 취조하느냐? 우리가 네 놈들을 취조해
야지!"

구속과 재판에 기간 제약이 없던 시대였다. 일단 형무소
에 수감시켜 놓고 추가 조사를 할 게 있으면 형무소 안에 있
는 보안과 건물 지하실로 형사들이 가서 수사를 했다. 손톱,
발톱을 찌르는 대침을 비롯한 온갖 고문 도구가 버젓이 걸려
있는 보안과 지하실에서는 참혹한 비명 소리가 끊이지 않았
다. 보안과는 모든 죄수에게 공포의 대상이었다.

고려공청만이 아니라 조선공산당, 조선노농총동맹 등 여
러 단체의 회계와 조직을 맡고 있는 권오설은 시도 때도 없
이 보안과 지하실에 끌려가 혹독한 고문을 당해야 했다. 이

과정에서 앞니가 2개나 빠져 버렸다. 권오설은 변호사들의 도움을 받아 본인을 포함해 이준태 등 5명의 명의로 고문 경관 4명을 폭행 혐의로 옥중에서 고소하기까지 했다. 정확한 죄명은 폭행능학독직죄였다. 권오설의 고소장 일부다.

경찰에서 취조를 받은 것은 때마침 여름이었다. 일주일 정도 지난 후 모든 것을 숨김없이 말하라며 둥근 의자를 넘어뜨려 그 위에 나를 앉혔다. 그때 요시노 경부보가 나의 무릎 끝을 발로 차는 바람에 나는 앞으로 쓰러져 앞니를 부딪쳤다. 그 이후에는 앞니가 덜그럭거리며 움직여 바람이 스치면 고통스럽다. … 요시노 경부보가 양손을 목 뒤로 접고 끈으로 동여매었다. 그리고서 5, 6명의 경관이 죽도록 나를 마구 때렸다. 이어서 앉아 있는 다리의 안쪽에 각목 2개를 끼우고 하루 밤낮을 계속 고문했다. 다음 날 각목 1개는 빼냈지만, 그것으로 인해 상반신이 붓고, 다리가 마비됐고, 머리가 휘청거려 잠을 잘 수가 없었다.

일본 경찰의 불법행위를 따지고 들 재판관은 없었다. 권오설 등이 제기한 4명의 고문 경찰에 대한 고소는 증거불충분이란 이유로 불기소처분으로 끝났다. 이에 권오설은 1927년 11월 23일 오후 변호사를 통해 경성지방법원 검사국에 항고문을 제출했는데, 결과는 마찬가지였다.

고문 경관에 대한 처벌은커녕 조선공산당 재판은 나중에는 방청객 없이 진행되고 있었고 언론 취재도 금지되었다. 이에 신문기자 단체들은 공판 공개를 요구하며 항의성명을 내기도 했다. 11월 27일 경성기자동맹이 조선총독 앞으로 보낸 결의문이다.

민중의 의사를 무시한 법의 행사는 필연코 사법자 소수인의 전횡이라 아니할 수 없다. 우리는 이 실례를 금번 조선공산당 공판사건에서 사실을 발견할 수 있다. 세계 시선이 사법자에게 집중됨에도 불구하고 공개 금지는 물론이요, 신문기자 출입까지 엄금하는 데 있어서는 의혹을 아니 가질 수 없다. 법의 진의를 보아서 민중 앞에 공개 공판하기를 요구하고 이에 항의함.

한동안 언론을 떠들썩하게 만들었던 권오설의 고소사건은 일본 본토까지 알려져 해당 경관들이 상부로부터 추궁을 당했지만 처벌되지는 않았다. 대신, 고문에 가담했던 일본 경찰 중 한 명은 훗날에 쓴 수기에서 자기 가족이 테러를 당할까 봐 전전긍긍했다고 고백한다. 그만큼 공산주의운동가에 대한 대중의 믿음과 기대가 컸던 시대였다.

판사들의 편파 행위에 대해 조선공산당사건 피고인들은 재판부 기피신청을 제출하기도 했다. 이때 변호사들은 제출서에 '권오설 외 95인'이라고 쓴다. 이 문건만이 아니라 재판에 관련하여 문제를 제기할 때마다 직책이 그보다 높은 김재봉, 강달영, 이준태보다 앞서 권오설을 대표자로 이름을 올린다. 만세운동으로 구속되기 전부터 권오설이 국내 항일운동의 실질적인 대표자 역할을 해왔다는 사실을 일본인들은 잘 알고 있었다.

1927년 9월에 시작된 재판은 해를 넘겨 1928년 2월이 되어서야 선고공판을 맞았다. 2월 14일 자 조선일보는 총 102명의 피고 중 95명의 형이 선고되었음을 보도한다. 형량은 최고 6년에서 최하 8개월 형으로, 12명에 대해서는 무죄 판결이 났다. 아직 박헌영이 병보석되기 전이었다. 선고에서 제외된 피고 중 사망자는 박길양·백광흠·박순병 등 3명, 정신병 등으로 분리 심리가 결정된 이는 박헌영·조리환·이재익 등 3인, 해외로 도피한 사람은 주종건 한 명이었다.

1, 2차 집행부의 책임자인 김재봉과 강달영은 6년형을 선고받았다. 사회안전법의 법정 최고형인 7년보다 1년이 적은 형량이었다. 이번 재판에서 병보석되었다가 소련으로 망명했던 박헌영도 나중에 다시 체포되어 6년형을 받는다. 박헌영의 지시를 받고 권총까지 소지하고 국내에 들어와 활약하던 김형선이 7년형에 출판물법 위반까지 추가되어 8년형을 받은 게 최대였다.

권오설은 혼자 5년형을 받았고, 김상주·김약수·이준태·

유진희·진병기·홍증식은 4년, 임원근과 전정관은 3년 6월, 박래원·독고전·민창식·정운해·홍덕유·이봉수·임형관·신철수는 3년형을 받았다. 김경재·노상렬·박민영·송봉우·염창렬·윤덕병·이지탁·장순명은 2년 6월을 받았다. 나머지 어수갑·이병립·박일병·채규항·이승엽·권오상·오기섭 등 56명은 2년 이하의 형을 선고받고 바로 석방되었다. 이미 2년 이상 옥살이를 하고 있었기 때문이다.

선고를 받은 조선공산당사건 피고인 67명은 항소하지 않아서 전원 구형대로 형을 확정받았다. 항소란 일본인들에게 선처를 구하는 행위라 보고 거부한 것이다. 형이 최종 확정된 1928년 2월 14일 오후, 변호인 허헌과 김태영은 마지막으로 강달영과 권오설을 면회했다. 기결수가 된 두 사람은 붉은 죄수복을 입고 있었다. 권오설은 두 변호사에게 당당히 말했다.

"그동안 저희들을 위해 싸워준 여러 변호사님들에게 감사를 전해주십시오. 우리는 이제부터 짧으면 1년, 길면 6년 동안 세상을 등지고 철창 속에서 노역을 할터인즉, 사회에 있는 여러 동지들에게 한층 분발하도록 전해 주십시오."

그는 이번 판결과 그동안의 재판에 대한 여러 가지 소감을 말한 후 말했다.

"적적한 우리를 위하여 한 달에 한 번씩은 면회를 와서 세계의 소식과 최근의 자연 상태, 낙향한 동지들의 소식을 알려주시길 부탁합니다."

이제 미결수 생활은 끝나고 기결수 생활이 시작되었다. 아직 형이 확정되지 않은 미결수일 때는 변호사나 가족의 면회가 어느 정도 허용되었으나, 기결수는 면회가 한 달에 한 번밖에 허용되지 않고 매일 노역에 나가야 했다. 진짜 감옥살이의 시작이었다.

권오설 평전

●

　　　　　　권오설이라는 이름이 다시 신문에 오른 것은 실형을 선고받고 반년여가 지난 1928년 8월 1일이었다. 동아일보가 권오설의 병세가 위중하다는 보도를 낸 것이다. 입감 때부터 고문후유증으로 고생하던 권오설이 신장염으로 중태에 빠져 형무소 내 중병환자감방에서 치료 중이라는 내용이었다.

조선공산당사건의 중요 인물로 시내 서대문형무소에서 복역 중에 있는 권오설은 얼마 전부터 감옥에서 얻은 신장염으로 오랫동안 신음하던 중 최근에 이르러서는 병세가 더욱 위중하여 방금 동 형무소 안 중병감에서 치료를 하는 중이라는데 동 피고는 영치금 같은 것이 없어서 주사 한 대도 맞기가 어렵기 때문에 그제 동 사건을 담임하였든 김태영 변호사는 현금 15원을 차입하여 방금 치료를 하는 중 이곳은 의료의 설비가 충분치 못함은 물론 그 밖에 여러가지 불편한 것이 많음으로 치료가 매우 곤란할 모양이라더라.

만일 운이라는 게 있다면, 권오설은 지지리도 금전운이 없는 사람일 것이다. 앉은 자리에서 10권짜리『송원강목』을 암기할 정도로 뛰어난 두뇌를 가졌음에도 하루 두 끼니 먹기도 힘든 빈한한 가정에서 태어나 제대로 졸업한 학교가 없었다. 감옥에서도 돈을 내야 약 처방을 받을 수 있던 시대라, 고문 후유증으로 온갖 질병에 시달리면서도 제대로 치료약을 먹지 못해 고통받아야 했다.

감옥의 권오설이 가족에게 쓴 편지 중에는 어떻게든 돈을 마련해 영치해 줄 수 없느냐는 내용이 여러 군데 들어있다. 돈이 있어야 약 처방을 받을 수 있으니 살아나기 위한 절박한 심정으로 영치금을 요청했다. 그리고 하염없이 미안해했다. 바깥에 있는 가족이 얼마나 어렵게 사는가를 잘 알기 때문이었다. 체포되어 감옥에 들어가고 얼마 안 된 1926년 7월 큰동생 권오기에게 보낸 편지에 이런 심정이 잘 드러난다. 권오설은 동생도 너라고 하지 않고 '군(君)'이라 부르며 존중했다.

군이 17일에 보낸 편지를 받았다. 나의 답을 보지 못하였다지? 또 거듭 답을 보낸다. 받아보게 될른지? 그런데 지금 나는 단도직입적으로 말하려 한다. 집안 살림은 빈곤하기 짝이 없고 어버지는 연로하신데 어떻게 생활 설계를 그린단 말이냐. 세상에 우리와 같은 이들이 허다하지마는 생각할수록 기가 막힌다. 그런데 나도 편지로서 부탁하였다마는, 군!

내려가거든 영식 씨 보고 우리집 형편에 대하여 어떻게 살
아갈 도리를 조금 보아달라고 하여라. 만일 그것이 여의치
않으면 염상진 형에게 가서 또한 사정을 말하여 조그마한
농토라도 빌려 농사를 지어서 생계를 세워야 아니되겠냐?
… 그런데 나는 입을 것은 입고 먹을 것은 먹는다만, 이것조
차 못하는 이가 아마 많을 것이다. 답답해서 어떻게 하나?
이만.

부모에 대한 애정도 각별했던 권오설은 편지마다 부모님
걱정을 하는데, 이 편지에서도 동생 오기에게 어서 빨리 집
으로 내려가서 부모님을 도우라고 쓴다. 삼 형제 중에 큰아
들인 자신은 김옥에 있고 막내아들 권오직은 고려공청 추천
으로 모스크바 공산대학에서 공부하고 있으니 농사를 지어
부모를 먹여 살릴 사람은 둘째 권오기밖에 없었기 때문이다.
그나마 가진 농토가 너무 적어 먹고 사는 것도 해결하기 어
려우니 마을 제일의 부자이자 독립운동을 해온 권영식과 염
상진 같은 이들에게 땅을 빌려 농사를 지으라는 내용이다.
  권오설은 다른 편지에서도 경성에 머물고 있는 동생에게
고향에 내려가서 농사를 지어 부모님을 부양하라고 거듭 말
했다. 그러나 형에 대한 사랑과 존경이 너무 깊었던 권오기
는 차마 이승의 지옥 같은 감옥살이를 하는 형을 두고 내려
갈 수가 없었다.

감옥의 죄수에게 밥 이외에는 아무것도 제공하지 않던 시대였다. 얇은 죄수복으로는 긴 겨울을 이겨낼 수 없어 외부에서 차입해 주는 솜옷을 입어야 했는데, 옥중에서는 솜옷을 빨수가 없어 가족들이 몇 달에 한 번이라도 옷을 교환해 주어야 했다. 기본으로 제공되는 관식은 질이 너무 형편없어서 병약한 사람은 사식을 사서 먹어야 했고 약값도 필요했다. 정치범에게는 밥만큼 책이 필요했다. 쌀 한 가마니가 5, 6원이던 당시 책 한 권의 값이 70전에서 1원이었으니 새 책을 사기는 힘들었다. 여기저기 지인들에게 책을 빌려서 교환해 주는 게밖에서 할 일이었다.

감옥 사정이 이렇다 보니 서대문형무소 앞의 현저동 초가집 촌락은 옥바라지하는 가족들로 넘쳐 빈방이 나오질 않았다. 권오기도 고문후유증으로 신음하는 형을 차마 떠날 수가 없었다. 기결수가 된 후로는 면회도 한 달에 한 번뿐이라, 사방이 고요해진 한밤중에 서대문형무소 뒷산에 올라가 목이 터지게 외치며 통곡하곤 했다.

"형님요, 형님요! 나는 더 큰 감옥에 있습니다!"

울부짖는 소리가 얼마나 컸는지 병사의 권오설이 이를 알아듣고 면회를 하러 나가는 이에게 아무래도 밤마다 들려오는 소리가 동생 오기 같으니 확인을 해달라고 부탁하기도 했다.

서대문형무소 수인들의 생활은 비참했다. 조선공산당 공범 중 권오설·송봉우·강균환·정태중·신철수 5명은 병감에 있었고, 나머지 절반은 독방에서, 나머지 절반은 잡범이라 부르는 일반수와 섞여 비좁은 감방 생활을 하고 있었는데 어디나 힘들기는 마찬가지였다.

형무소 은어로 잡방이라 불리는 일반수 감방은 가로, 세로가 4m밖에 안되는 공간에 18명씩 수감되어 있었다. 낮 동안은 노역을 나가거나 아니면 하루종일 정좌해 앉아 있어야 했는데, 밤이 되어도 누울 공간이 없어 서로 발과 머리를 엇갈리게 하고 옆으로 누워 '칼잠'을 자야 했다. 나란히 앉아 있기에도 좁은 공간에서 몇 달에 한 번이나 옷을 갈아입을까, 몸에서 나는 악취에 구석의 똥통에서 올라오는 냄새까지 짐승 우리가 따로 없었다.

징역형을 받은 이들에게 떨어지는 노역은 그물뜨기, 봉투 붙이기처럼 비교적 가벼운 일부터 형무소 뒷산의 채석장에서 돌을 캐거나 벽돌공장에서 붉은 벽돌을 만드는 일까지 여러 가지였는데, 공장에는 180명당 2개의 재래식 변소가 전부였다.

그나마 잡방에 있는 경우는 공장으로 노역을 오가면서 사람들과 함께 지냈으나 독방 수감자들은 노역도 독방에서 치러야 했다. 하루종일 혼자 앉아 그물을 짜거나 봉투를 붙이는 사상범에게 외로움보다 더한 고통은 세상 소식을 알 수 없다는 점이었다. 잡방에는 새로운 죄수들이 들어와 바깥 소식이라도 전해주지만, 독방은 세상과 고립되어 있으니 그 점을 제일 고통스러워했다.

조선공산당사건 관련자들은 그해 여름부터 속속 만기 출소해 1928년 가을에는 남은 인원이 50명 미만으로 줄어들었다. 이들 대부분은 형기가 2년 이상 남은 이들로, 경제적인 어려움이 많았다. 계절이 바뀌어 밖에서는 아침저녁으로 솜이 들어간 겹옷을 입고 다니는데, 이들은 아직 여름옷을 입고 이불 하나에 5명이 같이 덮고 잤다.

특히 미결 때부터 몇 해째 독방에 갇혀 있는 십여 명의 간부급은 대부분 건강이 쇠약한 상태였다. 정신까지 무너진 염창렬은 자살을 시도했다가 살아났는데, 간수들은 그의 손에 수갑을 채운 채 독방에 수감했다.

1928년 11월, 대사면령이 떨어져 서대문형무소에 수감된 죄수 중 757명에 대해 형기 감량이 이뤄졌다. 대부분 일반수였는데 일부 치안유지법 위반자도 포함되었다. 권오설은 전체 형기 5년에 대해 통산 일수 180일을 제한 나머지의 4분의 1이 감형되었다. 이에 따라 원래 1932년 8월 17일이던 만기 출소가 1931년 7월 1일 출소로 줄어들었다. 조선공산당 관계자 중 형기를 한 달 남기고 감형되어 석방된 48살의 이영민은 서대문형무소 사정을 묻는 기자에게 이렇게 답한다.

"재감한 동지들은 대개 다 건강한 모양이나, 그중에 권오설·민창식·김유성·김경재·송봉우 등 몇 사람만 다소 불건강합니다. 그러나 병세들은 다 그다지 중하지는 않습니다. 그리고 내가 특별히 부탁하고저 하는 것은 조선 사람이면 형무소라는 그곳을 너무나 등한시하지 말자는 것입니다. 최근 형무소의 죄수에 대한 태도는 더욱 냉정할 뿐 아니라 도무지 인간 취급을 안 한다는 것이 큰 문제입니다. 조선이 아니면 과연 볼 수 없을 것이라고 생각됩니다. 의식거주가 모두 인간 대우가 아니라고 나는 여러 번 형무소장을 면회하여 교섭하고 항의한 일이 있습니다. 그리고 우리 101명 중 아직도 47명이나 남았습니다."

1929년 1월 초에 석방된 채규항은 동아일보 기자를 만난 자리에서 좀 더 자세히 감방 소식을 전한다. 채규항은 함경남도 홍원 출신으로, 조선노농총동맹 중앙집행위원이자 조선공산당 조사부 담당 중앙위원으로 구속되었다가 3년 만에 석방된 길이었다.

"지루한 예심에 있다가 비로소 복역의 언도를 받고 입감한 우리 동지들은 각각 독방 작업으로 어망을 뜨며 십여 개월을 지낼 때에 제일 고통이라고 할 만한 것은 고독한 것이었던 바, 그 후 얼마 후에 무슨 사건이 있었는지 입감자가 늘어서 우리는 감방을 옮기게 될 때에 우리 동지 15인은 한 방에 5인씩 수감되어 피차 담화도 하고 책도 바꿔 읽기도 하여 독방 작업할 때보다 비교적 재미있게 지냈습니다. 그러다가 우리가 출옥하게 되고 권오설 군이 병으로 인하여 병감에 가 있게 되고 신철수 군은 병이 점차 낫게 되어 독방에서 요양

중입니다. 그리고 그 외 남은 14인은 지금 다시 두 방으로 합해 있게 된 모양이며 다들 건강합니다."

권오설이 본래 몸이 허약하기는 했으나 취조 과정에서 누구보다 혹독한 고문을 당했음은 널리 알려져 있었다. 몸이 쇠약해지면서 신장염까지 걸렸던 권오설은 동생 권오기와 고향 선배 김남수 등 여러 사람들이 돈과 우유를 영치해주고 사식비를 내준 덕분에 건강이 조금은 나아졌다.

또한 체포될 때 압수된 돈에 대해 압수금 반환청구를 해놓은 것이 승소해 9월 하순에는 금전적 여유도 생겼다. 유진희와 함께 제기한 압수금 반환청구는 신문에도 보도되었는데 유진희가 돌려받은 돈은 450원, 권오설이 돌려받은 돈은 90원이었다. 권오설은 이 돈만은 쓰지 않고 보존해 둔다.

돌려받은 영치금을 쓰지 않았음에도 밖에 있는 동지들의 호의로 권오설은 세 번째 맞는 옥중의 겨울을 따뜻하게 보낼 수 있었다. 담요와 옷이 생긴 데다 본인도 어렵게 사는 김남수가 넣어주는 우유를 마시며 지옥 속의 작은 행복을 맛본다. 그리고 이 이야기를 김남수에게 편지로 전한다. 실무적인 내용이 많은 다른 편지와 달리 감상이 넘치는 글인데, 요즘 문장으로 윤색했다.

감옥 안 정원에는 국화가 총총히 피었고 무궁화도 세 줄 나란히 피었습니다. 국화는 봉우리가 차차 굵어오고, 무궁화는 피었다 떨어졌다가 떨어졌다가 피었다가 하며 만추에 우뚝하게 홀로 서서 무궁한 꽃빛을 자랑하는 듯합니다. 아침저녁 철창 틈으로 문안 오는 바람은 제법 산산합니다.

이 계절에 형님은 때에 병이 없이 지내십니까? 굶지는 않고 지내십니까? 여러 동무 잘 있고 집집마다 여전하십니까? 시골 소식도 듣습니까? 이놈은 목석같은 놈이지만 알고 싶네요. 들어보세요. 저는 돗자리도 아주 새것으로 바꾸게 되었습니다. 이불도 새것이고요. 새 자리를 깔고 새 이불을 덮습니다. 담요도 있어요. 검은 바지에 흰 저고리를 입었습니다. 속옷도 있어요. 또 형님이 굶어가면서 들여보내주는 우유도 마시고 밥도 먹습니다. 아, 정말로 의식주 삼자가 해결되었습니다.

다만 앉고 눕는 것을 내 맘대로 할 수 없습니다. 바람 불면 바람소리와 비 오면 빗소리와 종 치면 종소리와 목탁 치면 목탁소리와 벌이 울면 벌소리와 함께 밤이나 낮이나 고막을 두드리는 그 소리가 무엇이라 할까요? 아, 가슴에 못이 됩니다. 밤이면 잠귀신이 오지 아니하여 더욱 심심하고 낮이면 긴 한숨이 나올 뿐입니다. 아, 그러나 하는 수 없습니다. 그저 이렇게, 이렇게 날을 보내고 날을 맞이합니다.

권오설은 보낸 사람 주소를 "서대문 우리 속 권오설"이라고 썼다. 우리에 갇힌 맹수와도 같은 그의 마음을 더욱 아프게 하는 것은 고향의 부모님 걱정이었다. 이 무렵인 1928년 11월 26일 동생 권오기에게 보낸 편지에서 어머니의 61세 생일에 편지 한 장 쓰지 못한 것을 죄스러워한다.

아, 남쪽을 바라보매 불칙한 마음만 아프다. 벌써 음력 10월도 몇 날이나 지났구나. 시월 초하루의 어머님 진갑날은 나도 잊어버리지는 않고 꼭 기억하였었다마는 옥 속 자유 없는 몸이기 때문에 한 장의 문안도 올리지 못하였다. 어머님께서 여복 섭섭히 생각하시었을까? 또 동짓달 아버님의 환갑도 곧 다가오는구나. 더욱 어른님들에 대한 불효를 참으로 알게 되는 동시에 부자유의 설움이 과연 끝이 없다. 아, 동생아! 사랑 깊은 나의 동생아! 이 형의 오늘을 대신하여 만분의 일이라도 늙으신 어른들께 섭섭하신 심신들 덜어드려 주소.

한글로 쓴 이 봉함엽서에서 권오설은 고향의 온 집안 어른들이며 감옥의 자신에게 도움을 준 여러 지인들의 이름을 일일이 적어주며 동생이 대신 인사편지를 해달라고 부탁한다. 이 편지만이 아니라 권오설의 편지들마다 그가 얼마나 감성이 넘치는 사람인지, 사랑이 깊은 사람인지를 잘 보여준다.

권오설이 쓴 수많은 편지를 다 옮길 수는 없고, 어머니의 진갑을 맞아 아버지 앞으로 보낸 1928년 12월 28일 자 편지

일부만 옮겨 본다. 이 편지 역시 구구절절 따뜻한 감성과 사랑의 마음이 넘쳐난다. 권오설의 감정이 잘 들어나는 이 글은 최대한 원본 그대로 옮겼다.

아버님이시어, 이놈의 불효 심사이 덧할진대, 우리집 어른들의 남다르신 자애시로 다시 오죽 하오리까. 그러나 그러나 아버님이시어, 차디찬 북풍이 온 천지에 흰 눈을 뿌려 입히고 다시 얼음으로 굳게 봉하였어도 저 뫼 봉우리에 낙락장송은 창창한 푸른빛이 조금도 변함없을 뿐 아니라 오히려 꿋꿋한 굳센 빛을 자랑합니다. 뿐만 아니라 눈 밑과 얼음 속에 꽃 싹 감초인 온갖 부드러운 풀도 날이 갈수록 봄맞이 하려고 새싹 만들며 자라날 뿐인 것입니다. … 부디 서운하신 마음을 잡숫지 마시고 저 눈 속의 푸른 솔과 어름 밑의 보느라운 풀의 풍상을 겪을수록 백천 년 변함없이 생기있게 되는 것을 보시고 경사의 날을 경사로게 보내시도록 하여 주시어요. 예. 이놈은 여기 있고 동생(권오직)은 멀리 있어도 이것은 오늘 잠시 동안의 바람이라요, 서리라요. 우리 정산 밑 풍산들 위, 우리 집에 경사는 기쁨은 이로부터 곧 피어오를 것이외다.

1929년이 되면서 권오설의 편지는 부쩍 줄어들었다. 새해 들어 처음 보낸 편지가 2월 18일 자 소인이 찍힌 동생 권오기에게 보낸 편지였다.

이 편지에서 권오설은 "가슴이 아프고 오른쪽 반신이 저리고 아프다"면서도 친절한 치료를 받고 있으니 과도하게 걱정하지 말라고 한다. 편지의 끝에도 "나의 몸은 크게 걱정 말아라. 약도 먹고 감방도 따뜻하다"며 오히려 동생을 위로한다. 아픈 본인에 대한 걱정보다는, 가족의 근심이 커질까봐 괜찮다고 위로한다.

두 달 만인 4월 17일에 보낸 편지에서도 권오설은 아픈 본인보다는 부모님과 친인척 모두의 안부를 하나하나 묻고 어떻게 먹고 사는지 걱정을 한다. 심지어 감옥에 적립되어 있는 본인의 영치금을 보내줄테니 무어라도 돈벌이를 해보라고 한다.

작년 겨울과 금년 봄 이 심한 가뭄에 보리농사는 어떠한지, 아마 올해도 흉년이 분명한 듯하니 무산자의 살림살이 갈수록 기가 막힐 듯, 모두 심각한 걱정거리로구나. 어찌하여 먹고 입는데 군색이 없이 늙으신 어른을 잘 받들며 어린아이들을 거두게 될까? 군아 무엇이든지 적은 자본으로 돈벌이할 것이 있으면 나에게 편지하여라. 그렇게 할 것이 무엇이든지 있으면 내가 70원은 우편으로 보낼테니 꼭 잘 생각하여 편지하여라. 압수되었던 90원이 여기 영치되어 있다. 부디 잘 생각하여 보고서 곧 답장하기 바란다. 안동이나 풍산대소가 모두 무사한 소식 듣기 원한다. 이만.

　동생 오기도 가족을 부양하기 위해 노력했으나 잘 되지 않았다. 권오설은 동생이 경성에 오기만 하면 어서 고향에 내려가서 부모님과 가족들 부양하라고 재촉했지만, 집에 간들 뾰족한 수가 있는 건 아니었다. 몇 마지기 안 되는 농사를 지어봐야 일 년 양식도 되지 않았다. 방법이라고는 하루에 한두 끼니만 먹는 것뿐이었다. 먹고 살 길이 없으니 작은아버지는 일본으로 돈을 벌러 떠났으나 소식이 없고, 권오기도 돈을 벌기 위해 대구 약령시장에도 가보지만 자기 자본이 없으니 돈벌이가 될 리 없었다.

　아끼고 안 쓰고 있던 영치금을 보내주겠다는 형의 편지를 받은 권오기는 1929년 6월 14일 자로 형에게 보낸 답장에서 그 돈을 조속히 보내달라고 부탁한다. 그는 지난 겨울부터 봄까지 극심한 가뭄으로 보리농사마저 망하는 바람에 온 농민들이 큰 고통을 당하고 있다면서, 다행히 풍서면은 피해가 적어 보리를 조금 수확해서 가족의 식량을 마련해 놓고 대구로 나왔다면서 급히 돈을 보내주면 우선 얼음판매상으로 돈을 모은 후 야시장에서 장사를 해보겠다고 했다.

　이후 편지가 남아 있지 않아 이 문제에 대한 전개는 알 수 없으나 형제간의 우애는 깊었다. 몇 달 후에 보낸 권오기의 편지가 남아 있는데, 형이 부탁한 책 『통속세계전사』를 구해

보겠으며, 필요한 것과 부탁할 일이 있으면 바로 말해달라고 한다. 면회하고 싶으면 편지를 주면 바로 올라가 면회하겠다고도 한다.

몇 해째 병감 독방에서 벗어나지 못하고 있는 권오설의 몸 상태는 갈수록 나빠지고 있었다. 1929년 12월에 보낸 편지에서는 자신의 몸 상태에 대해 솔직하게 터놓았는데, 시골의 어른들에게는 일절 말하지 말아 달라고 부탁한다.

나는 머리가 몹시 아프며 오른쪽 반신은 자유롭게 놀리지 못하고 있다. 치아도 노인과 한가지로 모진 것은 물어 먹을 수 없을 뿐 아니라, 바람이 차면 견디기조차 못하다. 그러나 군아, 이런 이야기는 모두 시골 우리 집 어른들께는 여쭈지 마라.

권오기는 형의 단단한 부탁 때문에 아버지에게 형의 병세가 심각하다는 말을 하지 못하고 있었다. 권오설도 아버지에게 보내는 편지에서 솔직하게 말할 수 없으니 되도록 편지를 하지 못한 듯하다. 아버지는 감옥의 아들과 둘째 아들이 편지를 주고받는 건 알고 있는데 자신에게는 오랫동안 편지가 없어 퍽 서운해 하고 있다가 몇 달 만에 아들 편지를 받고 몹시 기뻐한다. 1930년 1월 8일 날짜로 아버지 권술조가 보낸 답장이다.

권오설에게

간혹 너희 형제들이 왕복하는 편에 너의 안부를 들었으나
때가 지나고 달이 넘도록 한 자도 문안하지 못하였으니 비
록 정이 없어 그런 것 같으나 어찌 정이 없어 그러겠느냐?
더구나 지금 매서운 바람과 차가운 눈보라가 사람의 살과
뼈에 스며드는 때이잖느냐? 아무 소용없는 생각이 하룻밤에
도 수없이 오가기를 거듭하여 그저 헛걱정일 뿐이요, 또한
헛소리에 불과할 뿐이니 어찌 부장의 정리라 하겠느냐?
방금 이 말을 하고 있는데 마침 너의 편지를 받아서 얼굴을
대하는 듯하니 반갑기 한량없다. 그 가운데 무양(無恙: 몸에
병이나 탈이 없음)이라는 두 글자는 나를 위안하려는 말임을
어찌 모르겠느냐? 금년 겨울은 다행히 아직 그다지 춥지 않
으나 철창에 홀로 갇힌 사람을 걱정하여 앞으로 추위가 어
찌 덜할 수 있겠느냐. 따뜻한 봄이 빨리 오기를 손꼽아 하늘
에 빌 따름이다. 편지를 보낸 후 며칠 사이에 찬바람과 혹독
한 추위가 오면 어떻게 견디겠느냐? 걱정이 태산이다.

　권술조는 이 답장에서 집안 식구들의 소식도 전한다. 권오
설의 작은아버지는 돈 벌러 일본에 갔는데 십몇 원만을 송금
해 왔을 뿐, 병을 얻어 일터에서 일을 하지 못하고 도리어 빚
만 졌다는 소식이며, 동생 권오기는 아버지 진갑을 맞아 지
난 연말에 며칠 있다 갔는데 눈비 속에서 오가는 모습이 마

음 아팠다고 말한다.

농사에 대해서도 말해주는데 논농사는 가뭄이 들지 않아 가을 추수가 아홉 가마니나 나왔는데, 곡식 가격이 떨어지는 바람에 수리조합 물세와 국토불하대금으로 절반이 나가버려 생계의 어려움이 이루 말할 수가 없다고 쓴다. 밭은 늦게 콩을 심어 100평당 콩 30, 40말을 수확했는데, 이것이 아니었더라면 큰일날 뻔했다고 한다.

이 담담하고 일상적인 내용을 담은 편지가 아들에게 보내는 아버지의 마지막 편지가 되었다. 3개월 후 아들이 옥사하고 나서야 아버지는 이 편지에서 다 못한 자신의 진심을 아들의 조문에서 털어놓는다.

너는 본디 허약한 증상이 있으니 겨울 추위와 여름 더위가 더욱 심할 때는 언제나 병이라도 날까 하여 근심스러웠는데 너는 편지할 때마다 항상 심려하지 말라고 하였다. 비록 염려하지 않으려 한다고 하여 그렇게 되겠느냐? 좋은 날이나 명절에 사방 이웃에서 노래와 웃음소리가 집집마다 떠들썩하게 들리면 나는 귀를 막아 가리고자 하였고, 백설 같은 떡, 구슬 알 같은 쌀밥이며 사철의 맛 좋은 음식이 반상 위에 올라도 나는 목구멍으로 내려가지 않았으며, 구곡의 연한 창자가 마치 녹을 듯하여도 오히려 강건한 척한 것이 네 아비였느니라.

나날이 쇠약해지는 권오설은 동생과 아버지에게 편지도 제때 하지 못했다. 다시 2개월 후인 1930년 2월 25일에 동생 오기에게 보낸 편지가 사실상 그의 마지막 글이 되었다. 봉합엽서 가득 빼곡히 채워 쓰던 이전의 편지와 달리, 이번 편지는 흘림글씨로 아주 짧았다.

오기 군!

1월 8일에 아버지께서 내리신 편지와 군이 2월에 보낸 편지는 곧 읽었다. 어른들 안녕하신 소식 들으니 무엇보다도 반갑다. … 형은 무사하다면 무사하다 하겠으나 몸이 조금 괴롭다. 군아, 원호 형은 학산 군은 다 동거하다고 매우 반가웁겠지. 수진 군의 병세는 어떤가 간절히 알고 싶다. 내가 먼저 번에 말한 책자는 그만두어라. 돈이 없이 어찌 구하겠느냐. 그리고 말이 어렵다만은 5원을 우편으로 차입할 수 있으면 하여다고. 억지로 하지 말고 될 수 있는 대로. 이 편지 보고 곧 집에 어른님들께 나의 편지 받았다고 여쭈어 위로하여 드리어라.

죽음을 얼마 앞둔 심각한 상황임에도 권오설은 동생과 가족을 위로하기 위해 '몸이 조금 괴롭다'고만 한다. 또한 동생에게 영치해 달라고 부탁했으나 책방에도 지인들 집에도 없어 구하지 못한 책 『통속세계전사』를 포기한다고 한다. 그리고 원호 형과 김남수의 안부를 걱정한다. 그게 마지막 편지였다. 이 편지를 끝으로 권오설의 몸 상태는 급격히 악화되었다.

권오설이 의식을 잃은 시간이 늘어나고 있던 1930년 3월 27일, 조선일보는 그의 작은 동생 권오직의 체포 소식을 보도했다. 권오직은 소련 유학 4년 만인 1929년 5월에 동방노력자공산대학을 졸업한 후 모스크바에서 공장노동자로 일하다가 석 달 만인 8월에 꼬민테른 산하 국제공산청년회로부터 고려공청을 재조직하라는 지시를 받고 10월에 귀국한다. 그는 같은 시기에 밀입국한 김단야와 함께 조선공산당 재건을 주도해 선전부 책임자가 되었다. 이때 함께한 이들은 김철수·채규항·한낙종·한빈·김연배였다.

그러나 3·1만세운동 11주년 기념일을 맞아 반일격문을 제작해 전국의 청년동맹, 농민조합, 노동단체에 배포하는 과정에서 일본 경찰에 발각되어 입국 5개월 만에 체포되고 말았다. 독방에서 사경을 헤매고 있던 권오설에게 동생의 구속 소식이 전달되지는 않았을 것이다.

권오설의 건강은 4월이 되면서 급속히 악화되어 의식을 잃은 채 겨우 숨만 쉬는 상태가 되었다. '조선공산당 권오설 위독'이란 제목의 1930년 4월 17일 자 동아일보 보도다.

제1차 조선공산당사건으로 징역 7년의 중형을 받고 시내 서대문형무소에서 복역 중인 권오설은 최근 옥중에서 얻은 신병으로 병감으로 이감된 이래 감옥 의사의 치료를 받았으나 아무 효과를 얻지 못할 뿐만 아니라 형무소의 보건가수도 더 치료할 수 없었던지 15일에는 형무소 서무계에서 직접 의향리인 경상북도 영주에 있는 그 아우 권오기 씨에게 전보하야 지급 상경 면회하라는 통지가 있음으로 즉시 그 아우 권오기 씨가 상경하야 동일 15일 오후 9시에 감옥에 이르러 면회한 결과, 이미 병은 말할 수 없는 중태에 빠지고 언어 불통, 의식 불명료의 위중 상태에 있으므로 다시금 16일 아침에 면회하였으나 역시 전과 마찬가지이므로 변호사 이인 씨가 지급히 형무소에 출장하여 형의 집행 정지를 교섭하는 중이리 한다.

동아일보 기사는 조선공산당운동에 참여했던 기자들이 일경의 압박으로 해고되고 새로 뽑힌 기자들이 쓴 탓인지 형기를 7년으로 쓰고 고향을 영주라고 하는 등 몇 군데 오류가 있다. 반면 이틀 후인 1930년 4월 19일 조선일보 보도는 좀 더 정확하다.

원적을 경상북도 안동군 풍서면 가곡리에 둔 권오설은 일찍이 조선공산당 제1차 간부 조직 당시에 해내외로 그 당세 확장에 비상히 활동하던 중 대정 15년(1926년) 6월 7일 시내 종로경찰서에 검거된 이래 오랫동안 예심을 마치고 소화 3년(1928년) 2월 13일 경성지방법원에서 치안유지법 위반죄로 징역 5년의 중형을 받은 이래 시내 서대문형무소 독감방에서 복역하던 중 일일이 삼추같은 그날그날을 지나며 만기만을 손꼽아 기다리며 침울한 세월을 보냈으나 옥중에서 어떤 병고는 사정없이 덮쳐 최근에 급성폐염이라는 불치의 중증을 가하여 드디어 17일 오후 8시에 감옥 안 병감에서 불귀의 객이 되고 말았다고 한다.

권오설이 사망한 4월 17일은 조선공산당 창립 5주년이 되는 날이기도 했다.

11 철관에 갇힌 사자

권오설 평전

●

　　　　　　　　　서대문형무소의 전보를 받고 급히 상경한 동생 권오기는 4월 16일 병감 독방으로 들어가 형을 면회했다. 이때 이미 권오설은 목숨이 끊어지기 직전으로 정신을 잃고 있었다. 권오설의 몰골은 마치 환골탈태를 한 듯 깡말라서 예전의 강인한 인상을 찾을 수가 없었다.

　"형님! 형님! 저를 아시겠습니까? 오기가 왔습니다!"

　동생이 부르짖는 소리에 권오설은 힘겹게 눈을 뜨고 중얼거렸다.

　"내 아우가 왔는가? 내가 내 동생을 어찌 모르겠는가?"

　권오기는 형의 목을 껴안고 볼을 비비면서 눈물을 터뜨렸다. 권오설도 동생을 껴안았지만 팔에 아무 힘이 없었다. 권오기는 무슨 말을 하려고 해도 분하고 이가 갈려 목소리가 나오지를 않았다. 형을 이렇게 만든 자들에 대한 울분이 치밀어 올라 견딜 수가 없던 그는 주먹으로 감방 바닥을 치며 이를 갈며 분루를 흘렸다.

　자신이 오늘 밤을 넘기지 못하리라는 것을 예감한 듯, 권오설은 말했다.

"아우야, 오늘 밤은 나하고 자자."

법률상 감옥 안에서 같이 잘 수는 없었다. 권오기는 간수들에게 어차피 오늘을 넘기기 힘든 상황이니 감옥 밖의 병원으로 옮겨 임종을 보게 해달라고 요청했으나 이 역시 법률에 어긋난다며 거절당했다. 권오기는 눈물을 보이지 않으려고 이를 악물고 눈물을 참으며 면회를 마치고 나왔다.

다음 날 일찍 권오기가 형무소에 가니 권오설은 이미 전날 저녁에 숨이 끊어져 차갑게 식어 있었다. 34살 젊은 나이였다.

"형님! 형님!"

권오기는 형의 이름을 외쳐 부르며 통곡하고 또 통곡했다. 권오설의 시신을 빼낸 간수들은 속에 사람이 있는 듯 이불을 부풀어 놓아 감방 안의 동지들이 그의 죽음을 알지 못하게 했다는 이야기가 전해진다. 그의 죽음에 통분하여 옥중투쟁을 벌일까 우려했을 것이다.

서대문형무소는 북쪽으로는 북악산이, 서쪽으로는 안산이 감싸고 있었다. 형무소에서 숨진 무연고 죄수의 시신은 형무소 담장 밑으로 난 굴로 운반해 형무소 밖의 공동묘지에 묻는 게 보통이었다. 그런데 형무소 측은 권오설에게는 이를 허락하지 않았다. 허가 절차도 없이 갑자기 산에 묘를 쓸 수는 없다는 명분이었다.

권오기는 끓어오르는 분을 참으며 형무소 밖의 산에 매장하겠다고 외쳤다.

"좋소! 죽어서도 감옥을 벗어날 수 없다면, 형무소 안에 빈소를 마련해 주시오! 사람들을 불러와 형무소 안에서 장례를 치르겠소!"

형무소 측은 당연히 거절했고, 끝내 권오기의 울분이 폭발했다. 그는 미친 듯 욕을 하며 고함을 쳤다.

"이 개돼지도 못한 놈들아! 산도 안 되고 형무소도 안 된다면 내 시신을 등에 지고 종로거리를 돌아다니겠다!"

치솟는 격분과 분통한 마음을 이기지 못한 권오기는 실성하여 울부짖고 흥분해 소리쳤다. 얼마나 애통했던지 지켜보던 간수들 중에도 눈물을 흘리는 이가 있었다고 한다.

권오설의 죽음은 개인의 죽음이 아니었다. 1920년대 중반 국내 항일운동을 대표하는, 특히 전위조직과 대중조직을 동시에 이끌어 온 대표적인 지도자의 죽음이었다. 감옥 안의 수인들은 몰랐겠지만 감옥 밖으로 그의 죽음이 알려지자 제일 먼저 나선 곳은 신간회였다.

신간회는 권오설이 감옥에 가 있던 1927년 7월에 결성된 전국적인 항일운동단체로, 자치운동을 주장하는 이들을 제외한 민족주의 계열과 사회주의 계열의 항일운동가들이 결합한 좌우합작 조직이었다. 식민지 조선 최대의 합법적 민족운동단체가 된 신간회는 강연회, 계몽운동, 농민·노동운동

지원 활동을 활발히 전개했다. 신간회 지회는 전국에 143개가 되었고 회원 수는 4만 명이 넘었다.

신간회는 권오기와 상의해 권오설의 시신을 경성지회 회관으로 옮기기로 했다. 일본 경찰도 이는 허용했으나, 시신 이동 과정에 단 한 명의 신간회 회원도 오지 못하게 했다. 장례 행렬이 시위로 발전되는 것을 막기 위함이었다.

당시 신문 보도에 의하면 권오기는 거적에 덮인 형의 시신을 인수해 들것에 실어 신간회로 간 것으로 보인다. 경찰에 둘러싸여 신간회까지 가는 동안에도 권오기는 울분과 슬픔을 참지 못해 수없이 주저앉아 통곡을 하고 하늘을 보며 울부짖었다.

한편, 고향 집의 아버지가 아들의 죽음을 알리는 한글 전보를 받은 것은 4월 18일이었다.

'작야오설사망'

서대문형무소 직원이 광화문우체국에서 보낸 전보였다. 큰아들의 건강이 나쁘다는 건 알고 있었지만 이렇게까지 위독할 줄은 몰랐던 권술조는 추도문에 이렇게 쓴다.

하늘인가 땅인가! 귀신인가 사람인가! 시대의 탓인가 운명의 탓인가! 꿈인가 생시인가! 땅을 치고 하늘에 부르짖어도 망망하고 참담하기만 하였다.

　권술조는 차비가 없어 당일 출발을 못하고 다음 날인 19일 아침 일찍 집안 조카 권문현의 부축을 받아 경성행 기차를 탄다. 그는 권문현의 부축을 받으며 역까지 가는 길이 마치 술에 취한 것 같았고 미친 것 같았다며, 추도문에 이렇게 쓴다.

　살아서 서로 만나지 못하였는데 죽은 뒤에 누구를 만나려고 허둥지둥 이렇게 가고 있는 것일까!

　기차에서 마침 권오설을 잘 아는 사람을 만난 아버지는 술과 음식을 대접받으며 서로 손을 잡고 통한의 눈물을 흘렸다. 그 사람은 경성에 도착해서도 몸을 가누지 못하는 권술조를 부축해 숙소까지 바래다주며 위로해 준다.

　한밤중에 남대문역에 도착한 권술조 일행은 여관에서 자고 다음 날 일찍 서대문형무소를 찾아갔다. 그러나 권오설의 시신은 외부로 나갔으며 어디로 갔는지 모른다는 답변뿐이었다. 권술조는 형무소 철문에 머리를 박아 부수어 피눈물을 쏟으며 죽고 싶은 충동이 솟구쳤으나, 감옥 안에는 산 사람도 있다는 생각으로 분을 참고 돌아섰다고 추도문에 쓴다.

　형무소 앞길 양편에는 수인들에게 사식을 공급해 주는 사식점이라 불리는 식당이 늘어서 있었다. 막막해진 권술조가 그중 한 집에 들어가 노파에게 물어보니 노파는 근심스런 표정으로 말해준다.

“그 사람이라… 그 사람 참으로 장합니다. 그 사람은 어제 동생이라는 사람이 들것에 담아서 나갔습니다. 하늘을 향해 울부짖으며 발을 동동 구르는 형상이랑, 땅에 엎드려 애통해 하는 모습을 이 거리에서 본 사람은 눈물을 뿌리지 않은 사람이 없었습니다. 정확히는 알 수 없지만 그가 간 곳이 필시 신간회일 것입니다.”

비로소 둘째 아들 권오기가 형의 시신을 신간회로 모셔갔다는 사실을 알게 된 아버지 일행은 곧바로 신간회를 찾아갔다.

신간회 경성지회 회관에 마련된 권오설의 빈소에는 이미 많은 사람들이 찾아와 향을 올리고 절을 하며 통곡하고 있었다. 신간회원들은 권오설의 시신을 염해서 목관에 안치해 놓은 상태였다. 아버지가 아들의 관을 어루만지며 통곡을 하고 지쳐 있으니 권오설의 동지들이 그의 손을 잡고 위로한다.

“저희들도 또한 모두 일찍이 수형생활을 겪은 것이 3, 4년 혹은 6, 7년이며 구차스럽게 죽음을 면하고 다행히 살았으나 모두 권오설 형에 대한 죄인입니다. 이제 형은 죽을 곳에서 죽었습니다. 부자의 사사로운 정으로 너무 슬퍼하지 마십시오.”

신간회원들은 조의금을 모아 장례 비용을 치르고 권오설의 시신을 고향으로 운구할 비용까지 마련해 주었다. 아버지는 아들이 얼마나 많은 사람들의 사랑을 받으며 살았는가를 보며 위로받았다.

장지는 고향 가일마을 앞의 풍서면 공동묘지로 정해졌다.

권오설의 시신은 신간회에서 경성역까지 장의차로 옮기고 기차에 태워져 안동역에 도착한 후에 다시 장의차로 가일마을로 이동하기로 했다. 사망 후부터 일일이 장례 과정을 감시해 온 일본 경찰은 기차에 태우려면 시신의 악취를 막아야 한다며 목관을 함석으로 두른 다음 납땜으로 밀봉하도록 했다.

아버지는 먼저 안동으로 내려가고, 권오기는 4월 21일 저녁 7시 기차로 형의 시신을 모시고 경성을 출발, 이튿날 아침 안동역에 도착했다.

안동에서 권오설을 모르는 사람은 없었다. 권오설은 여러 민족학교와 풍산소작인회, 안동청년회 등 1920년부터 시작된 안동 일대의 모든 항일단체를 만든 지도자의 한 명이었다. 경찰은 군중이 모이는 것을 막으려고 안도쿄찰서와 예천 경잘서 인원을 총동원해 안동 읍내를 임중히 감시하고 사람들의 통행까지 차단했다.

하지만 사람들은 꾸역꾸역 모여들었다. 권오설의 시신이 안동역에 도착한다는 소식에 안동 인근 주민들이 헤아릴 수 없이 몰려들어 고인을 추모했다. 운구차가 안동역에서 가일마을까지 이동하는 신작로 양편에는 수많은 농민들이 나와 서서 눈물로 그를 떠나보냈다.

이날부터 매장이 끝나기까지 며칠 동안 풍산면 일대에는 '까마귀 떼가 바글거렸다'는 말이 전한다. 일본 순사들은 여름에는 흰색 제복을, 나머지 계절에는 검은색에 가까운 감색

제복을 입었다. 검정 제복의 순사들이 까마귀 떼처럼 바글바
글했다는 뜻이다.

권오설의 시신이 드디어 가일마을에 들어오자 가족은 물
론 온 마을 사람들이 슬픔의 눈물을 흘렸다. 할머니와 어머
니가 관을 붙잡고 이름을 부르며 절규하고, 권오설의 아내는
통곡 끝에 자살까지 기도했다. 이 비통한 광경을 아버지 권
술조는 이렇게 기록해 놓았다.

하늘이여! 하늘이여! 이 어찌 차마 할 짓입니까? 칠순의 조
모께서 부여잡고 불러 봐도 응답이 없고 갑절로 사랑하는 자
애로운 어미가 절규하며 불러도 들음이 없으며 우러러 바라
보는 너의 아내가 자결하려 하여도 돌아보지 않는가? 네가
무척이나 사랑했던 자는 질녀 임인데 그가 비록 얼굴은 알지
못하지만 언제나 백부가 돌아오실 기일을 물었으며 백부는
어디로 돌아가시느냐고 목이 메도록 울부짖어도 너는 어찌
가여워하지 않았던가? 숙부들과 숙모들, 온 문중이 함께 슬
퍼하여도 알지 못하니, 이 어찌 네가 날짜를 손꼽으며 돌아
와서 모시겠다던 마음이며 무심함이 어이 이 같단 말인가!

통곡의 밤이 지나고 1930년 4월 23일 새벽, 대충 수의가
만들어져 가족들은 반함과 대렴을 위해 관 뚜껑을 열고자 했
다. 반함은 염습할 때 시신의 입에 구술과 씻은 쌀을 물리는

절차이고, 대렴은 시신을 싼 옷에 다시 한 번 옷을 포개놓고 이불로 싸는 절차를 말한다.

경찰은 아침부터 수십 명의 몰려와 조문객이 일절 상가 근처에 오지 못하게 막는 한편, 유교의 장례 전통인 반함과 대렴조차 못하게 막았다. 경찰이 관 뚜껑을 열지 못하게 하자 권술조가 거세게 항의했다.

"이 관에 누워 있는 사람이 누구인지도 모르는 상황에서 그냥 묻을 수 없소! 관을 여시오!"

누구의 시신인가 확인도 않고 장례를 치를 수는 없다고 버티자, 경찰은 어쩔 수없이 관 뚜껑의 납땜을 떼어내고 관을 열어 보였다.

비로소 아들의 시신을 제대로 보게 된 아버지 눈에 권오설은 단정한 자세로 삼자는 듯했고 금니도 그대로었다. 그러니 고문당한 흔적이 몸 여기저기 푸릇푸릇하게 남아 있었다. 권술조는 윗사람이 아랫사람을 염하지 않는 관습을 깨고 본인의 손으로 아들의 입에 반함을 하고 대렴을 하면서 일본인들이 한 짓에 치를 떤다. 그는 후에 쓴 조문에 아들의 몸에 남은 고문 자국을 그들이 '독을 쏜 자국'이라고 표현했다.

염을 끝낸 권술조는 아들을 제대로 매장하기 위해 목수에게 관을 새로 짜게 했다. 그러자 경찰이 또다시 막아섰다. 나무 관을 쓰지 말라는 것이었다. 아무도 상갓집 근처로 오지 못하게 막고 있으니 집에는 식구들뿐이라, 떼거지로 몰려온 경찰과 싸울 힘도 없었다. 결국 철관 그대로 매장할 수밖에 없었다.

관을 묻는 과정에도 모든 전통 예법이 무시되었다. 집에서 마을 앞산의 공동묘지까지 가는 길에는 경찰이 삼엄하게 도열해서 마을 사람들이 구경조차 못하게 막으니 발인식도 없고 상여도 없었다. 곡소리도 없고 노제도 없었다. 장지에는 직계가족 외에 땅을 파는 일꾼 몇 사람, 그리고 수십 명의 경찰이 전부라, 조문을 읽는 절차도 없고 산신제를 올리는 절차도 없었다.

가장 비참한 일은 봉분을 만들지 못한다는 것이었다. 경찰은 관을 묻은 자리를 평평하게 한 후 봉분을 쌓지 못하게 했다. 당시에도 유교 예법이 엄해서 가난한 서민들은 장례식 절차를 생략하고 매장만 하는 경우가 흔했다. 그래도 봉분을 쌓지 않고 평장을 하지는 않았다. 이름도 짓지 못한 갓난아이가 죽어도 작은 봉분을 만들어 애기릉이라고 했다.

경찰이 권오설을 철관 속에 넣어 매장하고 봉분도 쌓지 못하게 한 이유가 매장 절차를 간소화해서 시간을 아끼려는 것이 아님은 명백했다. 매장이 끝난 후에도 경찰은 일부 병력을 남겨 묘 주변을 지키게 했다. 감시는 6개월이나 계속되었고, 가족들은 장례식 이후 치러야 할 추모 절차를 거의 지킬 수가 없었다.

한국의 전통 장례 문화는 살아있는 사람들이 죽은 이에 대한 기억을 가슴에 새기기에 충분할 만큼 길었다. 대단히 복잡한 절차에 따라 매장까지 마친 후에도 삼우제·초우제·재우제·소상·대상·담제 등 제사가 계속되어 3년 만에 탈상을 하고도 기일과 명절 때마다 제사를 올려야 한다.

다만, 이 모든 행사는 조상을 위한 것이었다. 부모가 죽은 자식의 제사를 지내는 것은 전통 예법에 없을 뿐 아니라, 자식이 부모보다 먼저 죽는 자체를 불효로 여겼다. 권오설은 자식을 남기지 못했고 후일 양아들이 되는 집안 유일의 아들인 권대용은 아직 태어나지도 않았기 때문에 제사를 지낼 사람이 없었다.

권술조는 전통 장례 예법을 누구보다 잘 알고 있는 사람이었다. 하지만 전통 관례를 무시하고 스스로 아들을 염했던 이었다. 경찰의 봉쇄로 장례 절차도 없이 매장한 후에도 제사를 제대로 치르지 못한 채 한 해, 두 해가 흘러가는 것을 몹시 안타까워했다. 중간에 약식으로 제를 올리기도 했으나 제대로 예를 지키지 못했다. 그는 마치 부모상을 당한 자식처럼 상복을 벗지 않고 살았는데, 남루해져 부득이 벗고 나서도 방 한쪽에 고이 모셔두었다.

그만큼 큰아들을 사랑한 아버지였다. 또 그만큼 큰아들로 인해 고통받아온 아버지였다. 같은 안동 권씨 친인척이라도 빈부의 차이에 따라 대하는 태도가 달랐다. 두 아들을 공산주의운동으로 감옥에 보내고 극빈하게 살아가는 그를 비웃는 집안 사람들도 있었다.

타인의 불행을 보고 좋아하는 사람들은 뒤에서는 험담을 하면서도 앞에서는 칭찬하는 시늉을 하기 마련이다. 불난 집에 부채질을 하면서도, 입으로는 불을 끄고 있다는 사람들도 있었다. 가일마을 일가 친척 중에도 그런 사람들이 있었다. 그들은 아들의 옥바라지를 위해 돈을 꾸러 다니는 권술조를 비웃곤 했다.

"잘난 아들이 있으니 그대는 무슨 근심이 있으며 아들이 공산주의운동을 하고 있으니 그대는 살 길이 있는데 무엇을 남에게 구하고 무엇 때문에 가난함을 걱정하는가?"

그런 야유를 들을 때마다 서운함을 넘어 분노에 사로잡혔던 권술조였다. 그는 아들이 돌아오기만 하면 자신을 비웃어 온 이들에게 한바탕 훈계를 해주고 보란 듯 호탕하게 웃어버리려 했다. 그러나 이제 그들의 말이 적중했으니 자신의 심장에 쇠못이 박히는 것보다 더 한스럽다고 말한다.

내 비록 글을 알아듣는 귀는 없지마는 어찌 말을 듣는 귀야 없겠는가? 살갗을 갈라놓고 소금을 뿌리듯 어찌 이처럼 악독할 수 있는가! 입을 다물고 달게 받아들이며 아픔을 참고 뼈에 새기면서 감히 남에게 말을 하지 못하였으나 장차 부자가 서로 만나는 날에 그들을 향하여 일장설파하고 일소에 부치려고 다짐했는데 이제는 모두 글렀구나. 사람들이 나의

246

불행을 보고 좋아했던 것이 가히 적중한 것이라 하겠으며 심장과 머리에 쇠못을 박는 것보다 통한이 더욱 격렬하니 지금 너에게 말하지 않고 다시 누구와 더불어 말하겠는가?

권술조는 아들 권오설이 한마디 말도 없이 경성으로 떠나 조선노농총동맹의 지도자가 되어버린 이후 수년간 얼굴을 보지 못하고 있었다. 아들에게 하지 못한 이야기, 가슴에 맺힌 한이 너무나 많았다. 그는 제문에서 말한다.

네가 구속되기 전 3, 4년에서부터 금일에 이르기까지 나는 너의 얼굴을 보지 못하였으며 너도 나의 얼굴을 보지 못하고 끝내 서로 만나지 못한 채 이 지경에 이르렀으니 네가 나에게 말하고자 하는 것이 어찌 끝이 있겠으며 나도 너에게 말하고자 하는 것이 가슴속에 가득하다. 네가 말하고 싶은 것은 다음 날 구천에서 서로 만나는 날을 기다려 다오. 나는 이제 마음이 날로 약해지고 기운도 날로 줄어드니 이 세상에 오래 살지 못할 것 같으며 너와 더불어 서로 회포를 펼 날도 반드시 멀지 않을 것이다.

머지않아 자기가 죽으면 하늘에서 만나 회포를 풀자는 말이 가슴 아프다. 일필휘지 명문장으로 이뤄진 이 구슬픈 제문을 완성한 것은 권오설이 사망하고 2년이 지나 2주기 제사를 앞둔 1932년 3월이었다. 길이가 4미터나 되는 긴 한지에 깨알같이 쓴 글자가 5,000자였다. 살아있는 아버지가 죽은 아들에게 보내는 살아생전의 마지막 편지였다.

권술조는 아들이 그토록 바라던 민족의 해방을 보지 못한 채 1944년 5월 12일, 한 많은 일생을 마쳤다. 권오설이 사경을 헤매고 있을 무렵 구속된 막내아들 권오직은 그때도 감옥에 있어 아버지의 임종을 지키지 못했다. 그는 조선공산당사건으로 6년을 살고 석방되었으나 1940년 조선공산당 재건을 위한 경성꼼그룹사건으로 다시 검거되어 해방되기까지 도합 11년이나 감옥살이를 한다. 그의 11년 옥살이는 조선공산당 지도부 중에도 이현상, 김형선, 박진홍 등 몇 명을 빼고는 가장 긴 기록이었다.

빨갱이의 후손으로 산다는 것

권술조는 아들 셋을 낳았을 때 큰 희망에 부풀었다. 이제 자손이 귀한 소곡 집안의 불운이 끝나고 앞으로 줄줄이 손자, 손녀가 태어나 집안이 번성하리라는 희망 때문이었다. 얼마나 그 열망이 강했는지 장차 태어날 손자들을 위해 이름을 17개나 미리 지어 족보 뒤에 써놓았다. 하지만 권술조는 끝내 딘 한 명의 손자도 기워보지 못한 채 생을 마쳐야 했다.

큰아들 권오설은 일찍 낳은 아들이 돌 지나 죽은 후로는 자식을 남기지 못한 채 철관 속의 사자로 잠들었고, 둘째 아들 권오기도 일찍 결혼해 남매를 낳았으나, 아들은 어려서 병으로 죽어 권술조 살아생전에는 손자가 없었다. 막내아들 권오직은 결혼만 했을 뿐 자녀가 없었는데, 감옥에서 해방을 맞은 후 불과 8개월 만에 월북해 끝내 후손을 남기지 못했다.

남한의 공산주의자들에게 해방은 식민지시대보다 더 큰 시련의 시작이었다. 세계대전 종식과 동시에 시작된 공산주의 대 자본주의 전쟁의 희생양이 되어야 했다.

　해방 직후 조선공산당 기관지 해방일보 사장을 맡는 등 맹활약하던 권오직은 불과 8개월 만인 1946년 5월 조선정판사 위조지폐사건의 주범이라는 누명을 쓰고, 살기 위해 월북해야만 했다. 북한 정권은 그를 중국대사로 보내는 등 잠시 대우하는 듯했으나, 1953년 박헌영을 비롯한 남한 출신 항일운동가들을 제거할 때 소환되어 집단농장의 일꾼으로 배치되었다는 소식 이후로 기록에서 사라진다.

　삼 형제 중 유일하게 대를 이을 수 있는 권오기는 해방이 된 후 40대 중반의 늦은 나이에 아들과 딸을 낳았다. 그는 1944년에 태어난 외동아들에게 아버지 권술조가 지어놓은 이름 중에서 골라 '대용'이라 이름을 지어주었다. 그리고 아들이 7살 되던 1950년에 행방불명되었다. 6·25전쟁이 터져 안동까지 밀려왔던 인민군이 북상할 때 그들을 따라간 것으로 알려졌으나, 미군 폭격으로 죽었는지, 무사히 북한에 올라가 살았는지, 생사를 알 수 없는 채 가족과의 연이 끊어져 버렸다.

　전쟁이 끝난 후 가일마을 권오설 집안에 남은 남자라고는 어린 권대용뿐이었다. 권오설의 어머니, 남편을 잃은 삼 형제의 부인들, 권오기의 딸까지 다섯 명이 모두 여자였다. 제사를 지낼 장손이 필요하다는 문중 어른들의 결정에 따라 권대용은 9살에 권오설의 양아들로 입적되었다.

　호적의 위치만 바뀌었을 뿐 사는 것은 똑같았다. 이때부터 권대용은 아버지가 둘, 어머니도 둘이 되었다. 나아가 외롭게 살아가는 권오직의 부인까지 어머니로 모시니 아버지가 셋에 어머니도 셋이 되었다. 할머니까지 모두가 어머니요, 동시에 모두의 아들이 되었다. 그리고 가난과 따돌림이 시작되었다. 자기 땅도 아닌 남의 땅 위에 지어진 초가집에 남겨진 가족에게 가난만큼 힘든 것은 빨갱이 집안이라는 손가락질이었다.

항일시기까지만 해도 공산주의자는 독립운동의 한 축으로 널리 민중의 지지와 존경을 받았다. 그러나 해방 후 북한에 소련이 관리하는 공산주의 정권이 세워지고 남한에 미국이 관리하는 자본주의 정권이 세워지면서, 남한에서 공산주의자의 입지는 극히 좁아졌고, 그들에 대한 백색테러가 일상이 되었다. 이에 맞선 무장투쟁이 잇따르면서 사회는 극도의 혼란에 빠져들었고 끝내 전쟁으로 이어졌다.

1950년 6월 북한의 선제 공격으로 전쟁이 터져 전 국토가 초토화되고 수백만 명이 죽어갔다. 북한은 이 전쟁을 미제국주의 침략에 맞선 '정의의 반격전'이라고 불렀으나 어떠한 이유와 명분을 붙인다 해도 정의로운 전쟁은 없다. 6·25전쟁은 레닌과 꼬민테른의 기본 노선이던 반전·무혈혁명의 원칙을 깨고 공산주의자들이 먼저 일으킨 최초의 전쟁이었고 그 폐해는 이후 남한 진보운동의 치명적인 약점이 되었다. 전쟁을 겪은 남한 민중의 뇌리에 남은 것은 공산주의자들이 전쟁을 일으켰다는 한 가지 사실뿐이었다. 남한에서는 더 이상 공산주의가 발붙이기 힘들어졌고 공산주의자를 뜻하는 빨갱이란 말이 최고의 모욕이자 무서운 따돌림의 대명사가 되었다.

이 피해를 가장 직접적으로 입은 것은 공산주의자의 후손들이었다. 전쟁의 공포를 겪은 민중은 한때 애국 영웅으로 불렀던 공산주의자를 증오하게 되었고 그들의 남겨진 가족을 혐오했다.

권오설 집안의 여인들과 아이들도 그 피해자였다. 유일한 아들인 권대용은 말한다.

"내가 7살 때부터 이상하다, 이상하다, 했습니다. 사람들이 왜 나를 나병환자 보듯 하나 이랬어요. 어린 마음에 왜 저럴까, 그냥 봐도 스쳐 끌고 보고 인상들이 영 저러더라고. 그 얘기 어떻게 말로 다 표현할 수가 없어요. 그중에도 성장하면서 들은 얘기 중 제일 기분 나쁜 소리가 '너는 아무 것도 못한다. 농사나 꾸벅꾸벅 지어야지'라고 하는 말입니다. 그 말을 이렇게 마주 앉아서 대놓고 하는 게 아니라 그냥 지나가면서 무심코 던지듯 말하고 가는 겁니다. 나는 처음엔 내게 하는 말인지도 몰라서 나 말고 다른 누가 있나 싶어가 돌아봤다니까요. 그래 흘리는 말을 몇 번이나 들었어요."

그는 사람을 그리워했지만 그들에게 선뜻 다가서지를 못했다. 말을 걸기가 두려웠다. 대부분 친인척인 권씨 집성촌임에도 외롭게 살아야만 했다.

어린아이에게는 가난이 더 큰 고통이었다. 권대용에게는 할머니가 되는 권오설의 어머니가 87세가 되던 1953년에 사망하고, 권오설의 부인이자 권대용에게 양어머니인 홍씨도 1955년 63세로 사망했는데, 제사를 지낼 돈이 없고 제사 지낼 사람도 없었다. 12살의 어린 상주 권대용이 두 사람의 빈소를 방에 모셔놓고 아침저녁으로 냉수를 올리며 절을 했다.

마을에 초등학교가 생겨서 오전만 공부하고 끝나는 1학년까지는 멋모르고 다녔다. 그런데 2학년이 되자 아이들이 점심 때면 집으로 달려갔다가 한참 후 돌아오는 것이었다. 점심을 굶으며 살아온 권대용은 몰랐는데 아이들은 집에 가서 밥을 먹고 온 것이다. 좀 지나서야 이를 알게 된 그는 기죽기 싫어서 짐심시간이 되면 자기도 교문 밖으로 뛰어나갔다. 그러나 집에는 들어가지 못하고 집 근처에 앉아 있다가 돌아왔다. 집에 가봐야 어머니와 숙모도 굶고 있었기 때문이다.

공책 한 번, 연필 한 번 내 돈 주고 사 보지 못한 학교생활이었다. 얼마 안 되는 학비도 낼 수 없어서 교실에 들어가지 못하고 창문 너머로 공부하길 얼마나 했는지 모른다. 결국 권대용은 초등학교도 다니지 못한 채 여기저기 남의 집 일을 다니는 처지가 되었다.

그나마 졸업으로 처리된 것은 졸업앨범 사진을 찍는 날, 동네 아이가 그의 처지도 모른 채 같이 가자고 하기에 따라가서 사진을 찍은 덕분이었다. 졸업사진에서 그는 다른 아이들과 달리 전후 구호물자로 얻은 여성용 스웨터 비슷한 것을 입고 있었다.

나이가 들면서 그는 왜 친인척조차도 자신을 배척하는지 확실히 알게 되었고 빨갱이의 자식이라는 낙인에서 벗어날 수 없다는 것도 알았다. 가슴 가득한 것은 조상에 대한 원망이요, 죽고 싶은 마음뿐이었다. 10대부터 죽고 싶다는 생각을 했다. 죽겠다고 말하며 살았다. 내일이 없는 인생이라는 불안감은 때때로 분노로 표출되어 사소한 일로도 울컥해 주먹다짐을 했다. 세상이 다 싫었다.

돌연 그의 심정에 큰 변화가 온 것은 30살이 되던 1973년이었다. 중앙일보에 실린 박갑동의 수기를 읽던 권대용은 깜짝 놀랐다. 거기에는 너무나도 그리운 두 사람의 이름이 나왔기 때문이다. 권오설과 권오직이었다. 두 사람이 일본 식민지 시절에 항일운동을 하다가 형은 감옥에서 죽고 동생은 11년이나 감옥살이를 했다는 내용이었다.

박갑동은 해방 후 조선공산당 기관지 해방일보의 편집장으로 일했던 인물로, 6·25전쟁 때 인민군을 따라 월북했다가 박헌영을 비롯한 남한 출신 공산주의자들이 미국의 간첩이라는 누명을 쓰고 숙청되는 것을 보고 탈북해 일본에 살며 반북운동을 하고 있었다. 그는 신문 기고에서 북한의 지배자들을 맹비판하면서도 항일시대 조선공산당 주역들에 대해서는 상당히 호의적으로 써 놓았다. 특히 권오설 형제에 대해 좋게 써 놓았다.

박갑동의 글을 읽고 나니 온몸의 열이 끓어오르는 것 같았다. 천륜도 저버린다는 빨갱이인 줄로만 알았던 두 아버지가 자랑스러운 독립운동가였다는 사실을 알게 되니 어둡기만 했던 가슴에 한 줄기 밝은 햇살이 들어오는 기분이었다. 그동안 속아 살았던 것만 같았다.

"아버지가 독립운동을 한 것을 알고 나니 내 스스로 죽어서는 안 되겠다, 이런 생각이 들었습니다. 죽을 때 죽더라도 이렇게 살아선 안 되겠다는 생각이 들었습니다."

권대용은 보다 자세한 내용을 알고 싶어서 마침 한국에 와 있던 박갑동을 만나러 서울까지 올라갔다. 북한에서 보낸 이들에게 여러 차례 테러를 겪었던 박갑동은 몹시 조심스러워하며 현관문을 열어주지 않았으나 권오설의 양자이자 권오직의 조카라고 말하자 반갑게 그를 받아주었다.

박갑동을 해방일보에 취직시켜 주고 신원 보증을 하여 조선공산당에 입당시켜 준 이가 바로 해방일보 사장이던 권오직이었다. 그렇게 반가울 수가 없었다. 하지만 북한을 떠난 지 오래인 박갑동 역시 권오직의 최근 소식은 알지 못했다. 권오직이 중국대사로 갔다가 반동분자로 소환되어 박헌영과 함께 숙청되어 어딘가 농장으로 끌려갔다는 사실밖에 알지 못했다.

박갑동을 만난 후 권대용의 인생관은 바뀌었다. 그때까지는 아버지들에 대한 그리움과 원망이 뒤섞여 있었는데, 이제 원망은 사라지고 존경심이 그 자리를 채웠다.

대대로 살아온 초가집에 의문의 화재가 났을 때도 권대용은 살림살이는 하나도 눈에 들어오지 않았다. 조상들이 남긴 자료를 건지기 위해 몇 번이나 화염 속에 뛰어들었다. 권오설 집안의 직계 조상인 소곡 권집의 따듯하면서도 유장한 문체의 글, 증조부와 조부가 남긴 주옥같은 글, 권오설이 가족이며 동지들과 주고받은 수많은 편지, 풍산학술강습회 관련 문서 등 하나같이 역사적인 가치가 있는 자료였다.

집이 타 없어져 인근의 다른 집을 빌려 이사 갈 때도 구해낸 자료를 소중히 간직했다. 그런데 공교롭게도 그 집에서 또 다시 의문의 화재가 발생했다. 권대용은 이때도 목숨을 걸고 화염 속에 뛰어들어 고문서를 구해냈다.

40살 나이에 두 번의 화재 속에서 건져낸 숯덩이 유물 다섯 상자를 삼륜차에 싣고 80세 된 숙모와 처자식까지 일곱 식구를 데리고 대구로 이사를 나오는 권대용의 가슴은 망망대해에서 조각배를 탄 듯 막막하기만 했다. 대구에서도 셋방을 전전하며 이사 다니길 횟수도 기억 못 할 정도였지만, 다섯 상자의 유물만은 한 장도 버리지 않았다.

반공의 그늘에 묻혀 있던 과거사의 진실이 조금씩 드러나기 시작한 것은 1998년 김대중이 대통령에 당선되면서였다.

지금까지 역사책 어디에서도 찾아볼 수 없던 사회주의 계열의 항일운동에 대해 조금씩 조명이 비치기 시작한 것이다. 1920년대 국내 항일운동의 대표적인 지도자였으나 후세에게 거의 알려지지 않은 권오설에 대한 재조명도 시작되었다.

2001년 11월 11일, 가일마을 앞 저수지 옆에 '항일구국열사 권오설 선생 기적비'가 세워졌다. 권오상, 권오운의 후손을 비롯해 권씨 문중 사람들이 십시일반으로 비용을 마련했다. 기념비의 비문은 서울대학교 명예교수 김용직이 글을 짓고 강원대학교 교수 황재국이 글을 썼다. 글을 지은 김용직은 김남수의 아들이었다. 자신도 굶어가며 모은 돈으로 감옥의 권오설에게 우유를 넣어주던 김남수는 강달영과 권오설의 2차 집행부가 붕괴된 후 안광천이 책임비서를 맡은 3차 조선공산당의 조직부장을 맡았다가 징역을 살았는데, 해방을 보지 못한 채 사망한다.

느껴워라, 미친 회오리바람에 불굴의 혁명투사 쓰러짐이여. 통탄스러워라, 칠흑의 어둠을 물리쳐 역사의 새벽을 열려한 겨레의 큰 전선 무너짐이여. 이제 선생이 가신 지는 70여 년이 흘렀다. 살아생전 그토록 열망한 평등평화통일조국의 꿈은 아직도 영마루 너머 구름인 채 우리 국토는 분단되어 있고 역사는 뒤틀려 비틀거린다. 이 부끄러운 시대를 사는 우리가 여기 돌을 세워 선생의 이름을 새김은 검수도산(劍樹

刀山) 무릅쓰고 조국의 자유를 추구한 그 의기가 너무나 절실하기 때문이며 민중·민족을 위하여 물불도 가리지 않았던 그 사상과 정신이 진실로 사무치게 그리운 까닭인 따름이다.

비석을 세우는 과정은 순탄치 않았다. 마을 사람들에게 남아 있던 공산주의에 대한 묵은 감정을 헤집은 것이다. 6·25의 고통을 겪었던 노인 세대의 반발로 말이 많았다. 그래도 기념비 작업은 강행되어 역사를 보는 시각이 바뀌는 작은 계기가 되었다.

국가적 차원에서 역사적 인식을 바꾸기는 더 어려웠다. 권대용은 권오설을 독립유공자로 인정받기 위해 해마다 국가보훈처에 요청을 했으나 매번 기각되었다. 사회주의 계열 항일운동을 순수한 독립운동이 아니라 북한과 맥이 이어지는 공산주의운동이라고 보는 시각 때문이었다.

마침내 권오설의 항일운동이 독립운동이라고 인정받은 것은 노무현이 대통령에 당선된 후였다. 해방 후 공산당이나 북한 정권에서 활동한 이력이 없는 사회주의 계열 항일운동가들에 한해 독립유공자로 인정하도록 법률이 개정된 것이다.

2005년 3월 1일, 정부는 권오설에게 '대한민국 건국훈장 독립장'을 추서했다. 같은 해에 권오상도 권오설보다 두 단계 아래인 '대한민국 건국훈장 애족장'을 추서받았다. 가족이 겪어야 했던 기나긴 설움이 끝나는 날이었다.

2008년 4월 15일에는 가일마을 앞 공동묘지에서 권오설의 묘를 파묘하여 부인과 합장하는 과정에서 철관이 드러나 후손들을 오열하게 했다.

보훈청(현 국가보훈부)에서 권오설의 묘소 단장 비용이 나오자, 문중에서는 무덤 내부는 건드리지 말고 둘레석을 쌓고 상석을 놓자고 했다. 그런데 권대용은 꼭 무덤 속을 보고 싶었다. 아버지 권오설이 철관에 갇힌 채 매장되었다는 기록 때문이었다. 묘를 파서 사실임이 확인된다면 철관을 벗겨드려야겠다는 간절한 마음이었다.

권대용은 파묘의 명분으로 권오설의 부인 홍씨와의 합장을 내세웠다. 문중 묘지에 있던 홍씨 묘를 공동묘지로 옮기는 일이라 더욱 반대가 있었으나 워낙 강력하게 주장하니 문중에서도 양보했다. 굴삭기로 조심스럽게 흙을 긁어내니 과연 심하게 녹슬어 부스러기 내려앉은 철관의 형체가 드러났다. 권대용은 즉시 공사를 중단시킨 뒤 역사학계에 이 사실을 알렸고, 관계자들이 지켜보는 가운데 인부들이 맨손으로 조심스럽게 파내어 철관과 일부 남아 있던 유골을 수습했다.

권대용은 철관이 드러난 날은 눈물도 흘리지 않고 정신없이 지냈다. 그런데 이틀 후 권오설의 기일이 되자 평생 동안 삼키고 숨겨왔던 비통의 눈물이 한꺼번에 쏟아졌다.

"이틀 뒤였죠. 원래 합장하려던 날은 4월 17일인데 비가 억수로 쏟아졌어요. 억장이 무너질 정도로 슬프면 눈물도 나오지 않는다는 것을 그때 알았습니다. 처음 철관을 보았을 때에는 눈물 한 방울 나오지 않았어요. 그런데 이틀 뒤에 창밖을 보며 폭우보다 더 많은 눈물을 펑펑 쏟았습니다."

권대용은 이때의 감정을 소곡 권집을 비롯한 조상들의 글을 모은 책『소곡세고』발문에 이렇게 써놓는다.

막난 아버님이시여! 이제는 왜놈의 철창에서 벗어나 영어의 몸이 아니시니 조국을 찾으려고 함께 투쟁하시던 백절불굴의 동지들을 만나 쌓인 회포를 한껏 푸시고 한없이 창천을 훨훨 마음껏 날으시옵소서. 긴 세월 동안 몸서리쳐졌을 녹슨 철제관은 영구보존 처리되어 안동독립기념관에 전시될 것입니다. 아버지께서는 생전에도 사후에도 민족정신을 고취시키는 영원한 횃불로 켜질 것입니다.

권오설을 기리기 위한 각계의 활동은 계속되었다. 파묘하여 아내와 합장한 이듬해인 2009년에는 경상북도독립운동기념관에서 권오설이 쓴 편지와 받은 편지들을 모아 '권오설'이란 제목으로 두 권의 책을 발행했다.

이 책은 2009년에 갑자기 만든 것이 아니었다. 책이 만들어지기까지 권대용이 쏟은 정성은 시간과 돈만으로는 측정할 수 없었다.

불 속에서 꺼낸 조상들의 유물 다섯 상자를 모시고 대구로 나간 권대용은 배운 것도 없고 자본도 기술도 없이 식구들을 부양하느라 힘겨운 세월을 보내야 했다. 20여 년이 지나서야 조금 한숨을 돌리고 상자를 열어보았다. 길면 200년, 짧아도 70년이 넘은 데다 불 속에서 살아나온 유물들은 새까맣게 재를 뒤집어쓰고 있었다.

유물 속의 글을 살려내려면 읽는 게 우선이었다. 한학에 능하고 권씨 문중사도 알고 있는 선비 한 사람을 데려와 보여주니 "허허! 쯧쯧!" 하며 열어볼 엄두도 못 내고 고개를 돌렸다. 몇 해가 지난 후 또 다른 한학 전문가를 데려왔지만 마찬가지였다.

자신이 먼저 문건을 복사해서 학자들에게 넘겨줘야만 일이 되겠다는 생각에 유물을 들고 복사집에 찾아가니 거기서도 난색을 했다. 재가 복사기를 망가뜨린다며 다들 거절하는 것이었다. 몇 군데나 거절당하고 쫓겨날 때마다 눈물이 절로 났다.

직접 재를 털기로 하고 한 장씩 말리고 조심스레 재를 터는데 보통 일이 아니었다. 콧구멍만 새까매질 뿐 곡식을 말리는 것보다 훨씬 힘들었다. 그래도 경험이 쌓이니 요령이 생겼다. 살살 재를 털어내고 말려서 한 장씩 한 장씩 조심스럽게 복사해 나갔다. 할아버지 권술조의 4미터짜리 제문은 가장 어려웠다. 대구에서 가장 큰 복사기를 가진 집에 가서 몇 번이나 시도한 끝에 성공했다.

　복사본이 나왔으니 누군가 한학 전문가에게 맡겨야 했는데 마땅한 인물이 없었다. 2006년 9월이 되어서야 한학의 대가이자 철학자인 영남대학교 이완재 교수를 만나게 되었다. 우선 권오설과 부친 권술조 사이에 오간 편지들을 보자기에 싸 들고 가서 번역을 부탁했다. 권대용이 선친 막난공과 조부 소암공의 왕복 서찰인데 한문 초서로 작성되어 무슨 내용인지 알 수 없으니 번역해 달라고 부탁하자, 서찰들을 살펴본 이완재 박사는 이때의 감정을 이렇게 기록해 놓는다.

　얼른 보니 막난공이 고학하던 시절과 옥살이하던 때 주고받은 부자의 애틋한 사연들이었다. 나는 가슴이 뭉클하였다. 일제하 독립투사들의 피맺힌 항거가 세대의 추이와 더불어 까마득히 잊혀져가고 또한 그 유족들이 조상의 공헌에 대한 충분한 보상은커녕 도리어 고난과 역경 속에서 허덕이는 현실에 평소 분노와 송구함을 느껴왔던 나의 심정이었다. 이러한 처지에 내 어찌 독립투사 유족의 간곡한 청을 거절할 수 있으리오. 나는 즉석에서 흔연히 승락하고 그 작업을 수행하였다.

　조상들의 문집을 살려내는 것도 큰일이었다. 권대용은 이완재 박사를 집에 초청해 불에 그슬린 원고 더미를 보여주며 추가 번역을 부탁했다. 이 박사가 살펴보니 권대용의 조상들이 쓴 글들을 모아놓은 문집 초고였는데 불에 타서 판독하기 어려운 부분이 많았고 분량도 상당했다. 난감해하는 이 박사에게 권대용은 간곡히 부탁했다.

"이것이 조상이 남긴 유일한 흔적인데, 여기에 부친과 조부의 문적(文蹟)까지 합하여 세상에 남겼으면 합니다. 오늘날 한글 시대에 한문 문집을 그대로 출판하면 내용을 알 수가 없고 번역하여 세상에 알리면 못난 자손의 도리를 조금이나마 할 수 있을 것 같으니 부디 이 간절한 소원을 풀도록 해주십시오."

이 일은 혼자서 감당하기 어려운 방대한 작업이라 번역전문가에게 의뢰해야 했다. 권대용은 이를 위해 부부가 이루 말할 수 없는 고생을 감내히머 모은 저축을 내놓았다. 그러나 번역전문가를 고용하기에는 너무 부족한 금액이었다. 이 교수는 오랫동안 한문 수업을 해온 님경녀·이디제, 두 분과 함께 거의 무상으로 번역과 윤색을 해주고 출판비를 절약할 수 있도록 타자까지 맡아주었다. 권오설과 가족, 친구들 사이에 오간 편지들부터 시작한 번역은 시간이 갈수록 깊이를 더해 몇 해 만에 소곡 권집의 문집과 고서까지 모두 번역할 수 있었다.

이렇게 출간된 『권오설』 1, 2와 『국역 소곡세고』는 권씨 일가의 뛰어난 문장력과 풍부한 감성, 가족에 대한 사랑과 나라를 생각하는 충정이 잘 드러날 뿐 아니라 시대상을 알 수 있는 중요한 자료적 가치를 인정받았다.

권오설의 독립유공자 인정과 이 책자들의 출간을 계기로 안동 지역은 물론 전국적으로 권오설 추모 분위기가 조성되었다. 2018년 안동시청에서는 권오설 93주기 추모제가 열렸고, 2020년에는 6·10만세운동이 국가기념일로 지정되었다. 이전까지 중앙고보 등 고등학생들의 시위로 축소되었던 6·10만세운동이 조선공산당과 천도교가 주동한 항일운동이었음이 인정된 것이다. 2021년에는 권오설이 만든 대표적인 대중운동 단체인 풍산소작인회를 기념하는 표지석이 안동시 풍산읍에 세워졌다.

2024년 5월 17일에는 서대문형무소기념관에서 '권오설·권오상기념사업회'가 창립총회를 가졌다. 이준식 전 독립기념관장이 이사장을 맡고 김찬휘 선거제도개혁연대 대표가 부이사장을, 6·10만세운동유족회 황선건 회장이 상임이사를 맡은 기념사업회는 이렇게 창립을 선언한다.

권오설·권오상기념사업회는 역사 왜곡, 반민족행위, 독재·학살, 친일적 행태를 옹호하는 그 어떠한 세력과도 끝까지 맞서 싸울 것을 선언한다. 권오설·권오상기념사업회는 항일·민중·민주·시민사회·노동단체 등과 연대하여 친일·반민족·반민주 세력에 대하여 공동 대응한다. 항일혁명운동은 당시 폭력과 전쟁으로 피폐해진 역사를 생명과 평화, 인류애를 근간으로 바꾸어 보자는 생명·평화운동이었다. 이에 권오설·권오상기념사업회는 이 시대 생명과 평화를 지향하는 모든 사람, 그리고 단체들과 연대하여 항일혁명운동가들의 뜻을 이어가고자 선언한다.

2024년 12월 11일에는 서대문형무소 자리 바로 위편에 건립된 국립대한민국임시정부기념관에서 '항일혁명가기념단체연합'이 창립대회를 가졌다. 황석영 소설가를 이사장으로, 사회주의 계열 항일운동가의 유족들과 뜻있는 인사들이 모인 이 단체는 다음과 같이 창립을 선언한다.

우리는 앞으로 일제강점기 항일혁명가들이 미처 이루지 못한 꿈, 우리에게 남긴 역사적 과제의 해결을 위해 힘을 합해 역사 부정 세력과 싸워나가려고 한다. 해방 80주년을 앞둔 한국 사회는 말 그대로 전환기의 위기에 직면해 있다. 위기의 핵심은 독립운동과 민주화운동의 산물인 헌법의 기본 정신 곧 자유, 평등, 민주, 평화라는 가치가 제대로 지켜지지 않는다는 데 있다. 항일혁명가들이 꿈꾼, 모든 사람 아니 최소한 더 많은 사람의 자유와 권리와 평등이 보장되는 나라를 완성하는 것, 그리고 분단 체제를 극복해 우리 민족의 힘으로 평화통일을 실현하고 자주적인 독립국가를 완성하는 것이야말로 해방 80주년을 맞이할 우리에게 맡겨진 과제이다. 우리는 오늘 권오설, 권오상, 김단야, 김태준, 여운형, 이관술, 이육사, 이재유, 여덟 항일혁명가의 이름을 특별히 기억하겠다고 했다. 그러나 기려야 할 항일혁명가가 더 많이 있다는 것을 잘 안다. 앞으로 한 분 한 분의 이름을 기림의 대상에 더해 나갈 것이다.

결성식 이후에도 1929년의 광주학생운동을 주도했던 사회주의자 장재성을 기념하는 장재성기념사업회와 조선공산당 3차 집행부의 책임비서를 맡았던 김철수를 기념하는 김철수기념사업회가 새로 가입하는 등 항일혁명가기념단체연합의 활동은 나날이 확대되고 있다.

권오설은 스스로 '막난'이라 호를 지었다. 무슨 의미로 지었는가에 대해 남긴 말은 없으나, 직역하면 '고난을 두려워하지 말라'는 뜻이요, 의역하면 '어떠한 난관도 두려워하지 않고 극복하겠다'라는 뜻이다. 확대해석하자면, 이 세상에 감당 못 할 고난은 없으니 어떤 고난에도 굴복하지 말고 싸우자는 뜻이다.

일본의 지배를 받았던 36년간, 한국인의 대다수는 일본인들로부터 온갖 모욕적인 처우를 받으면서도 조용히 굴종하며 살았다. 침묵과 굴복에 길들어져 살던 그들은 해방이 되고서야 목청 높여 만세를 부르고 친일파 처단을 외쳤다. 일본 관헌의 총검이 살벌한 시대에 정의를 외치는 이들은 극소수였다.

권오설은 그 깊은 어둠의 밑바닥에서 목청을 다해 정의를 외치는 극소수의 한 명이었다. 사람들이 먹을 것을 걱정할 때 그는 정의를 걱정했고, 사람들이 내일의 생계를 생각할 때 그는 내일의 조국을 생각했다. 그리하여 시대의 영웅으로 길이 살아남는 길을 택했다. 많이 늦기는 했으나 그의 정신을 기리는 이들이 점점 늘어가고 있음은 고무적이다.

2025년 12월 22일, 대한민국 법원은 조선정판사사건 재심 재판에서 피고 이관술에게 무죄를 선고했다. 이는 해방 직후 극단적인 좌우 대립의 상황에서 미군정과 남한 경찰이 벌였던 부당한 수사와 사건 조작에 일침을 가한 역사적인 판결이었다.

이관술의 무죄는 그와 함께 정판사사건의 주모자로 몰렸던 권오직의 무죄이기도 하다. 간악한 일제와 투쟁하느라 장장 11년이나 옥살이를 했으나 해방된 조국에서 파렴치한 위조지폐범이라는 누명을 쓰고 월북할 수밖에 없던, 북한에서조차 비참한 최후를 맞아야 했던 권오직 선생의 명예 회복을 자축하며, 선생의 영면을 빈다.

1897년 11월 25일(양력 12월 18일)
경상북도 안동시 풍천면 가곡리(가일마을)에서 태어남

1910년
부림 홍씨 가문 홍교와 결혼

1915년
동화학교 졸업

1916년
대구고등보통학교 입학

1918년
대구고등보통학교 퇴학, 경성 중앙고등보통학교 입학 후 퇴학, 경성부
기학교 중퇴

1918년 10월~1919년
전남도청 근무

1919년 3월
3·1운동 당시 광주시위에 참가하여 체포되었다고 전해짐

1920년
안동청년회 집행위원, 일직면 금주회 회장, 조선노동공제회 안동지회
입회

1922년
풍산학술강습회 설립. 풍산청년회 조직

1923년 11월
풍산소작인회 조직, 집행위원

1924년
상경, 화요회 입회, 상무집행위원

1924년 2월
신흥청년동맹 중앙집행위원회

1924년 4월
조선노농총동맹에 풍산소작인회 대표로 참가. 50인 중앙집행위원, 10인
상무위원회, 꼬르뷰로 국내부 조선노농총동맹 책임자, 조선노농총동맹
임시대회로 간부 26명과 구속되었다가 방면됨

1924년 6월
조선노농총동맹에서 소작쟁의 조사차 영남지역에 파견됨

1924년 12월
조선노농총동맹 상무위원회가 상무위원으로서 남부지방에 파견, 무산
자동맹회와 혁청당 가담, 불꽃사 동인, 양화직공 파업 지도

1925년 1월

안동에서 화성회 창립

1925년 4월

조선공산당을 창당해 중앙집행위원회 위원에 선임. 고려공산청년회를
결성해 7인의 중앙집행위원회 위원에 선임되고 조직부 책임자가 됨. 모
스크바 동방노력자공산대학 유학생 21명을 파견함

1925년 6월

일본노총특파 도선위원 환영대표로 시모노세키 출장

1925년 8월

경성에서 인쇄공 파업 지도

1925년 10월

조선노농총동맹 서면대회 개최. 50인 중앙집행위원

1925년 11월

신의주 사건 발생, 은신

1925년 12월

제2차 고려공산청년회 책임비서에 피선, 조직부 책임을 겸함. 고려공산
청년회 강령을 제정하고 회칙 작성, 제2차 조선공산당 7인 중앙집행위
원회 위원으로 선출

1926년 5월

고려공산청년회 간부회의에서 6·10투쟁지도특별위원회 책임자로 선정

되어 천도교청년회 및 학생과학연구회 활동가들을 만나 시위에 필요한 유인물 제작과 조직 동원을 지도함. 선전문 문안 5종과 인쇄 자금을 박래원에게 전달, 5만여 장의 유인물을 제작케 함

1926년 6월 7일
일경에 체포됨

1927년 2월
예심 종결

1927년 9월
공판 시작

1928년 2월
징역 5년형 확정, 항소 거부

1930년 4월 17일
만기출옥을 100여 일 앞두고 옥중에서 순국. 고향 가일마을 공동묘지에 잠듦

2005년
건국훈장 독립장 추서

전세계 무산자와 동방 피압박민족은 단결하라
조선공산당선언

전조선 노력자들께, 전조선 인민들께

사정없이 실행하는 약탈과 폭력의 정책으로 일본제국주의자들이 1910년 조선을 병합한 이래 조선은 이제 이미 더 참을 수 없는 곤란한 경우에 빠졌고 조선인은 민족적 최후 멸망의 위험에 다다랐다.

전국민의 경제생활이 어느 하나가 일본 자본가들의 장악에 들어가지 아니한 것이 없나니 공장, 제조소, 상업, 금융, 교통 내지 자연의 부—광산, 삼림, 어(漁: 어장), 염(鹽: 염전) 등등이 모두 일본제국주의자들의 무한량의 소유로 되었으며 국민 생활의 유일 기초인 농작의 토지까지 일본의 회사, 은행 및 개인소유자들의 점유한 바 되었고 조선인은 오직 무제한의 노역으로써 일본 자본가와 금융기관들의 착취의 대상으로 되어 있다. 농촌 인민의 77%는 경지 부족으로 일본 소유자들에게 앳긴(빼앗긴) 토지를 경작하여 노예노역으로 수확한 결과의 거의 전부를 소작료로 내놓으며 일백만의 농민이 향토에서 구축(축출)되어 부득이 해외로 이주하나 또 거게서(대부분) 극도의 물질적 궁핍으로 자본가와 지주들의 압박을 받고 오직 쏘베트 국가(소련)에 이주한 15만의 인민들이 자유 국민의 행복을 누리어 경제상, 정치상, 그 지방인민들과 동일한 권리를 가지고 있다.

수공업자와 소공업가들은 가격이 저렴하고 품질이 악열한(열악한) 일본공장, 제조소의 상품에 밀리어 실업한 무산자로 기아에서 신음하며 지식자(지식인)들도 또한 이와 동일한 경우에 빠져 정부 기타 각 기관을 일본인에게 엣기고(뺏기고) 조선 지식자들은 지식자의 직업에서 도태되었다.

이러함에도 오히려 부족하게 생각하는 일본제국주의자들은 다시 그 압박기관, 감옥, 재판소, 경찰, 헌병, 군대 및 기타에 쓰기 위하여 각종 직접 간접의 과세와 비법적 약탈로 노·농민들의 어깨에 중하(重荷: 무거운 짐)을 지워 그들의 최후의 혈한(血汗: 피와 땀)을 짜 아낸다.

조선 인민들은 정치상으로도 압박받아 보통 인권의 초보적 자유까지 가지지 못하였다. 일본 부르주아 법률의 보호도 받지 못하고 오직 일본 관리들의 임의 압박의 대상으로 되어 일본인이 조선인을 학살할 때에는 불과 일종의 질서문란으로 인주(認做: 인정)하여 극소액의 벌금에 처하게 되며 민중이 자유로 종교를 믿지 못하고 정치적 주의를 가지지 못하며 형(形)을 언론, 행동에 과할 뿐 아니라 악형자를 배척하는 의지, 사상에까지 가하며 조선인은 자유로 단체도 조직하지 못하고 더욱이 사회사업에 대하여 참여, 간섭할 권리가 없다.

조선 인민들은 다시 민족적으로 압박받는다. 일본제국주의자들은 강제의 동화정책으로 조선 문화의 전멸에 노력하여 조선인의 국어를 금지하고 공사 각 기관, 심지(甚至: 심지어) 소학교에서 일본어를 사용케 하며 조국의 역사, 문예 등의 연구까지도 죄로 인하고 형을 가한다.

일본제국주의자들은 온갖 악형의 방식으로써 조선 민족을 영원히 이 지구상에서 없애려 한다, 모든 불평 가진 자들을 국외로 방축(放逐: 쫓아냄)하며 감옥에서 죽이고 썩히며 또 기여(其餘: 그 나머지)는 일본인에 동화케 하여 노예계급을 만든 후 일본 자본가 양반들의 행복의 생활을 제조하는 재료로 한다, 이 정책을 실행하기 위하여 무수한 강력 대응 일본의 관료, 경찰 및 헌병들은 조선 민족의 명문(命門: 생명의 근본)을 꼭 막는다.

일본제국주의자들은 강도(強盜)의 강압정책을 실행함에 당하여 구라파(歐羅巴: 서양)의 진보된 기술과 아세아(亞細亞: 아시아)의 고대식 악형—각철(恪鐵), 죽침(竹針), 혁편(革鞭), 전기(電氣), 수(水: 물), 염(鹽: 소금)—으로써 한다.

금일 전조선은 완연한 뇌옥(牢獄: 감옥)으로 그 분위기에, 수천만 노력자(일하는 사람)들의 사람으로서 참을 수 없는 고난에 신음하는 통성(痛聲)이 구소(九霄: 높은 하늘)에 사무치며 전민족의 목에 걸린 올가미가 시시각각으로 가일가 간절하여진다.

조선은 일본제국주의의 일 식민지라 일본제국주의자들은 여기서 그들의 요구하는 바 과잉적 잉여가치를 착취하는 것이다.

동무들! 동포들! 이 세계의 전인류는 호상 적대되는 두 계급으로 분리되어 있나니 하나는 착취계급이요 또 하나는 피착취계급이다.

274

즉 하나는 압박계급이요 또 하나는 피압박계급으로 최다수의 인류가 선진자본국가, 최소수 자본가들의 노예로 되어 있다. 이 자본가들의 무리한 요구와 비열한 행동은 제국주의자들의 세계 재분할―베르사이유조약에 의하여 적확히 발로(發露) 증거되었다.

오직 세계 유일 무산자들의 국가―쏘베트사회주의연합공화국(소련)이 차등(此等: 이들) 강도, 약탈배의 권외(圈外) 밖에 있다. 자국 자본가들의 철쇄를 끊으며 외국 침략가들의 포탄을 막고 노동자와 농민들로부터 사회주의적 건설의 길에 올랐다. 자유(를) 가진 각 민족의 연합으로 건설된 쏘베트사회주의연합공화국은 제국주의의 압박을 받고 자국 민족의 해방을 위하여 투쟁하는 식민지 인민들의 진정한 친우로 된다.

식민지 민족들이 독수리 발톱에 끼이어 경제적 압박을 받을 뿐 아니라 정치적으로 민족적으로 특별한 압박을 받는다. 무수한 식민지 인민들이 기아와 질병에서 생명을 잃는 일방에, 제국주의자들은 이 노예들의 적혈(赤血)과 백골의 위에 자기들의 행복을 건설한다.

일본제국주의자들은 차등(이들) 착취 압박자의 수류(獸類: 짐승들) 중에서 제일 위를 점한 자들이다. 일본의 자본주의가 기타 자본 각국의 그것에 비하여 제국주의적 발전과 식민지 점령에 낙후되었으므로 일본 자본가들은 동 각국에 추급(追及)하기 위하여 악형과 강도식으로 식민지 인민들을 한목에 착취하여 그 식욕의 정도를 알지 못한다.

일본이 처음 1896년 대만을 점령함으로부터 그의 피묻은 발톱을 조선에 박아놓고 다시 그 한 발을 만주, 중국 및 몽고에 내밀었다.

그러나 그 강도정책의 발전은 필연으로 내외의 모순을 만나 그 최고 계단에 이르렀고 또 그 제국주의는 빈약한 경제와 모험적 투기의 토대 위에 건설된 것으로 세계대전 종료 후 상업과 산업의 위기에 의하여, 대진재(大震災: 큰 지진으로 발생하는 재난)에 의하여, 대중정책(對中政策)의 실패에 의하여, 연해주와 북화태(北樺太: 북사할린섬)에서 축출됨에 의하여, 북미합중국의 배일(排日) 확대 및 그 전기(戰期) 접근에 의하여 점차 붕괴에 가까워간다.

다시 자국 노농 군중의 계급적 투쟁의 빈발(頻發)로 인하여 다 썩어가는 일본제국주의는 복배(腹背: 앞뒤)로 적을 받고 있다. 이리하여 결사의 발악으로 식민지의 반항 특히 조선의 그것을 종래보다 일층 더 압박하고 자국의 노농민들도 일층 더 착취한다. 이것은 자기의 묘혈을 파는 역군(일꾼)을 만드는 것이며 자기의 남은 수명까지 단축시키는 것이다.

일본제국주의의 내외정형(內外情形)은 이미 상술한 바와 같거니와 현재 조선 민족의 앞에는 오직 두 가지 길이 있다. 치욕을 무릅쓰고 강도의 총검 하에서 그대로 죽고 말 것인가 그렇지 않으면 최후의 승리를 얻을 때까지, 독수리의 압박에서 국토를 회복할 때까지 적과 절대적으로 투쟁할 것인가 이외에는 아무 다른 도리가 없다. 조선 민족은 이미 그 제2선을 취하기로 결정하였나니 강절도(强竊盜)가 처음 조선을 점령하려 할 즈음부터 약간의 혁명단체와 용감한 개인들이 일본 약탈가들에게 대하여 결사의 투쟁을 개시하였다. 이 개인들은 단독적이 아니요 점차 장성하여 나가는 군중의 불평만을 용감하게 표현한 자들이다. 그러나 조선 피압박민족의 의용아(義

276

勇兒)들의 차등(이들) 부등적(不等敵: 큰 적)의 개인적 결투다 물론 다수의 군대와 군함과 헌병과 경찰을 가진 전신을 무장한 일본제국주의와 투쟁하여 승리의 종결을 보지 못할 것이다. 조선의 노력군중은 군중 자력으로써 일어나지 아니하고는 약탈자의 총검에서 해방되지 못할 것이요 개인 의협가(義俠家)들의 일본 관료경찰에 대한 용감적 습격이 조선 군중에게 하등의 자유를 주지 못할 것이다. 그러나 전부 고금미문(古今未聞)의 강도와 약탈과 학살로 구성된 침략정책의 결과에서 나온 이 암살운동에 대하여 제국주의자들이 도리어 반대한다는 것은 전혀 그들의 일종의 조소요 가식이다.

1919년 3월 1일 세계제국주의 약탈전쟁 후 조선 민족은 미국 자본가들이 베르사이유강화회의에서 조선문제를 정당히 해결한다는 말에 속아 일본제국주의의 배척을 평화적 시위로써 하여 제국주의자들은 조선에서 퇴거하라고 소리만을 쳤다. 이 운동은 약탈과 강도에 대한 자연배척으로 되었고 하등의 조직적이 아니었으며 또 외인(外人)의 원조를 믿는 턱없는 망상을 가지어 미리부터 실패의 길로 나선 것이요 조선 민중은 이 망상에 대하여 무상의 대가를 지불하였다.

당시 군중을 집합, 조직시키며 또 군중의 진행할 방향을 지시할 해방투쟁상 구체적 환경과 실제적 정형(情形)을 착오없이 정해(正解)하는 혁명당이 없었고 운동의 수령과 이론가들은 모두 부르주아지와 지식자들로 외인 원조의 망상에 총명을 가리어 혁명의 전도(前途)를 투시하지 못하였었다.

3·1운동은 도수(徒手: 맨손)혁명, 굴슬(屈膝: 남에게 무릎 꿇고 복종함)

혁명이요 일본제국주의의 도수(刀手: 칼을 든 손)들은 이 무장 아니한 군중을 함부로 학살하였다. 당시 전조선은 시산혈산(屍山血山: 시체 및 피의 산)을 이루어 칠천오백여의 군중이 여자와 노인과 소아들까지 가상(街上: 길거리)에서 감옥에서 살해되었다.

3·1운동은 실패되었으나 조선 민족의 해방투쟁은 일보 앞으로 나섰다. 그것은 군중을 정치적 생활로 환기(喚起)하였고 또 일본 군벌들이 칠천오백여의 군중과 함께 외원(外援: 외국의 도움)의 망상까지를 학살한 까닭이었다. 이로부터 조선혁명운동은 신경로(新經露)를 얻게 되어 군중 자력으로써 투쟁하였으며 또 그 투쟁 상, 조선 민족의 기본적 군중되는 노동자와 농민들이 민족운동을 자립적으로 전행하였다.

혁명운동의 발전에 따라 점차 위험을 느끼게 되는 침략가들은 종래 공개하였던 군사정치를 비공개적으로, 문화·정치의 압박으로 대체하고 민족해방운동의 유일전선을 파괴하기 위하여 부르주아지와 부랑지식자들을 자방(自方: 자기편)으로 유인하려고 어떤 형식만의 정치적 자유와 경제적 이익을 주었다. 이리하여 귀족, 부르주아지 및 부랑지식자들(룸펜 지식인들)로 하여금 묘牙(?)의 버린 배를 물고서 평소의 애국애족의 미명을 버리고 강도와 타협 또는 동조하여 자기들의 일신의 이익을 국가민족보다 더 중대히 여기게 하였다. 동시에 그렇지 않아도 더 참을 수 없는 압박과 착취를 받는 노동자, 농민, 도시빈민 및 지식자들을 그 대상(代償: 남을 대신하여 갚아줌)을 아울러, 더 착취 더 압박하여 그들의 최후의 제혈(齊血: 피)를 빨아낸다. 이러한 정형(情形)이 필연적으로 노력군중을 절대 투쟁의 길

278

로 밀어 넣었나니 그들은 그 무서운 압박과 착취를 더 힘써 저항하는 외에 타도(他途: 다른 방도)가 없는 까닭이다. 그리고 전진한 혁명적 지식자들은 노농계급들과 상생(相生)의 관계로 서로 밀접한 연합을 가지어 망상에서 탈출한 후 그 소유의 역량을 피압박 노농군중의 투쟁에 공헌하였다.

전선에 나선 혁명적 지식자, 노동자 및 농민들의 일부분이 일상투쟁의 경험에 의하여 점차 미신에서 해방되고 공산주의적 관념을 가지게 되었다. 그들은 그들의 투쟁목적을 중도(中途)에 두지 않고 그들의 투쟁과업을 모든 경제적 압박을 파탈(擺脫)하고 사람으로서 사람을 착취하는 것까지 폐지함으로써 하였다.

세계노력자총혁명단체―국제공산당의 일원이 되는 조선공산주의자들은 제국주의 반항투쟁에 대하여 절대적, 순서적 방침을 수립한 조선민족해방운동의 선봉대이다.

공산주의자들이 민족해방운동을 위하여 적의(適宜: 적절)한 투쟁방침을 세우고 조직적·희생적으로 진행함은 금차(今次: 이번) 경성에서와 각 지방에서 일어난 6월운동으로 확증(確證)되었다. 공산주의자들이 민족운동자들과 함께 동일한 행오(行伍: 군대를 편대한 대오)에서 투쟁한 이 운동은 해방투쟁이 한걸음 나선 것이요 혁명운동이 새 계단으로 올라간 것을 표시한 것이다. 6월운동은 3·1운동에 비하여 철저한 목적, 표어 및 투쟁방침을 가져 일본제국주의에 반항하는 민족혁명 유일전선의, 작전상(作製上)의 확고한 첫 기초로 되었다.

조선공산주의자들은 일본제국주의의 압박에서 조선을 절대로 해방한다는 것으로써 당면의 근본과업을 삼고 이 과업을 실행하기 위하여 일본제국주의에 대립한 조선의 모든 역량을 집합하여 민족혁명유일전선을 작성하고 적의 영루(營壘: 진지)를 향하여 정확한 공격을 준비 또한 개시하여야 할 것이다. 이 투쟁은 3·1운동과 6월운동의 경험에 의하여 할지니 만일 이를 거부한다면 그는 과거의 실패를 되풀이할 것이다.

조선공산주의자들은 그 소유 일체의 역량을 집합하여 1925년 4월, ○○○○창립대회를 개최하여 조선공산당을 조직하고 아울러 공산당의 목적과 투쟁의 구체적 방침을 세웠다. 조선공산당에서는 이 투쟁의 기본적·결정적 역량은 가장 많이 압박받고 가장 많이 착취받는 전민족의 80% 되는 제국주의의 약탈과 자본주의 생산의 조립상 단결되고 집중되는 노동계급과 농민들로 본다. 이는 그들이 그들 자체 내에 혁명적 정력(精力)을 가장 많이 비축하였고 또 일본제국주의의 성역(城域)을 안으로부터 파괴시키는 폭탄의 힘을 가지고 있는 까닭이다. 차등(이들) 노력자들이 민족해방운동의 근본적 투쟁자로 될지며 도시의 소부르우아지와 지식자들은 이에 부수(附隨)하여 나갈 것이요 부르주아지는 혁명의 주력대로 될 능력이 없으나 그러나 그들도 또한 제국주의자들의 압박을 받아 불만족의 요소를 가지고 있고 따라서 아직까지 그 자체 내에 혁명적 소질이 없지 아니하므로 혁명의 선봉대와 직접 동맹할 수 있을 것이다. 조선공산당은 조선 무산자와 반(半)무산자들의 산아(産兒)요 이 산아는 이미 그들의 영수(領袖)로 되어 절대의 책임적 과업을 가지고 수천만 노력군중을 압박에서 해방하기 위하여 제국주의자와의 투쟁에 있어서 군중을 지도해나갈 것이다.

조선공산당은 세계 사회주의혁명의 대본영(大本營), 국제공산당의 일분대(一分隊)로 압박받는 조선 군중을 세계 피압박민족의 해방운동과 세계 무산자혁명, 특히 일본의 그것과 또 쏘베트사회주의연합공화국과 밀접한 동맹을 지어 그들의 제국주의자에 대한 투쟁을 지도할 것이다. 우리들은 세계 대사회주의혁명의 일군단(一軍團)이라 승리의 보장은 여기에 있다.

상술한 각 항에 의하여 조선공산당에서는 아래와 같은 강령을 세운다.

당면한 투쟁의 목적은 일본제국주의의 압박에서 조선을 절대로 해방함에 있고 당면한 정치적 요구는 아래와 같다.

1. 민주공화국을 건설하되 국가의 최고 및 일체 권력은 국민으로부터 조직한 직접, 비밀(무기명투표), 보통 및 평등의 선거로 성립한 입법부에 있을 일
2. 직접, 비밀, 보통 및 평등의 선거로 광대한 지방자치를 건설할 일
3. 전국민의 무장을 실시하고 국민경찰을 조직할 일
4. 일본의 군대, 헌병 및 경찰을 조선에서 철수할 일
5. 인민의 신체 혹(은) 가택을 침범하지 못할 일
6. 무제한의 양심, 언론, 출판, 집회, 결사 및 동맹파공(同盟罷工: 동맹파업)의 자유를 가질 일
7. 문벌을 타파하고 전인민이 절대평등의 권리를 가질 일
8. 여자를 모든 압박에서 해탈(解脫: 해방)할 일

9. 공사 각 기관에서 조선어를 국어로 할 일. 각종 학교에서 조선
어로써 교수(敎授)할 일

10. 학교의 자유를 보장하고 무료 또는 의무의 보통 및 직업교육
을 남녀 18세까지 설시할 일. 빈민 학령자녀의 의식(衣食)과 교
육용품을 국가의 경비로 공급할 일

11. 각종 간접세를 폐지하고 소득세 및 상속세를 누진율로 할 일

12. 쏘베트사회주의연합공화국과 우의적 연맹을 체결할 일

노동계급의 육체적, 도덕적 타락을 방지하기 위하여 노동계급의
해방투쟁의 능력을 발전시키기 위하여 조선공산당에서는 아래와
같이 요구한다.

1. 무제한의 직업조합의 조직 및 동맹파공의 자유를 가질 일

2. 어떤 임금노동자를 물론하고 일일 8시간 이상의 노동을 하지
못할 일

3. 남녀를 물론하고 일주 36시간 이상의 계속적 휴식을 법률로
정할 일. 단 임금은 삭감하지 못할 일

4. 일정한 시간 이외의 노동을 절대로 금지할 일

5. 야간노동을 금지할 일. 단 기술상 필요에 의하여 부득이한 경
우에는 노동단체의 허가를 받을 일

6. 16세 이하 아동의 노동을 기업소에서 금지할 일

7. 여자 신체에 유해한 기업소의 여자노동을 금지할 일. 산모의
산전 2주, 산후 4주간의 노동을 금지할 일

8. 불행 혹(은) 작업상 위험의 관계로 노동자가 그 노동력의 전부
   혹(은) 일부를 손상할 때에는 법률로써 고주(雇主: 고용주)에게
   민사적 책임을 지울 일
9. 노년 노동자에게 국고(國庫)로부터 양로금(養老金)을 줄 일
10. 노동자를 사용하는 각 기업소에서는 정확하게 위생검사를 할
   일
11. 기업소의 경비로 노동자의 무료 요양의 보험을 할 일
12. 고(용)주가 노동법 혹 보험법에 위반되는 행위를 할 때에는
   형사적 책임을 지울 일
13. 어떤 기회, 어떤 구실(벌금, 배상 및 기타)로든지 노동자의 임금
   삭감을 절대로 금지할 일

농민들을 지주와 대토지소유자의 압박에서 해방하기 위하여 조
선공산당에서는 아래와 같이 주장한다.

1. 대토지소유자, 회사 및 은행의 점유한 토지를 몰수하여 국가의
   토지와 함께 농민에게 교부할 일
2. 소작료를 폐지할 일
3. 수리기관(水利機關)을 지방의 소유로 하고 농민이 무료로 사용
   할 일

이상 농민에게 절대로 필요한 주장을 관철하기 위하여 다시 아래
와 같이 요구하고 이 요구에 대하여 농민조합의 투쟁이 승리를 얻

도록 노력할지라.

1. 조선 농민을 토지에서 구축하는 일본 이민을 폐지할 일

2. 동양척식회사, 불이흥업회사 및 기타의 토지의 매수를 폐지할
   일

3. 농민의 소작료와 기타 체금(체납)을 이유로 하는 동산 혹 부동
   산의 압수를 폐지할 일

4. 농민에 대한 국가 및 지방의 세금을 최저율로 할 일

5. 연초, 인삼 등의 전매 및 면(綿), 란(蘭) 등의 강제 공동판매를 폐
   지할 일

6. 소작료를 3할 이내로 할 일

7. 소작료를 수확 판매 후의 성적에 의하여 교부할 일

8. 소작인은 토지소유자에 대하여 소작료 이외에 아무것도[무료
   노동, 세선(歲膳: 세모선물), 사음료(舍音料: 마름료) 및 기타 각종
   회뢰(賄賂: 뇌물)] 제공하지 않을 일

9. 지세, 종자, 비료, 관개 등 일체의 비용을 토지소유자가 부담
   할 일

10. 소작권은 서면계약으로 확정할지오 농민조합에서 차(此: 이)
    를 간여할 일

11. 지주와 대토지소유자에 대한 농민의 투쟁을 자유로 할 일

12. 농민조합을 법률로 승인할 일

13. 수리비를 최저율로 감하(減下)할 일

동무들 전조선노력자들과 인민들에게 향하여야 하는 우리들의
이 선언은 종래 일본제국주의자, 매수된 조선 관료 및 민중의 반역
자들의 산포(散布)한 조선공산주의자들은 민족적 피압박군중의 이
익을 무시하고 국제주의만을 선전한다는 유언비어를 종지(終止: 종
식)시킬 것이다. 제국주의자들도 피압박민족의 이익을 가장 잘 옹호
하는 자는 전 요동(遼東)지방에 있어서 민족해방운동의 제일선에 서
있는 공산주의자들임을 알 것이다. 제국주의자들이 어째 더욱이 추
상적 국제주의를 공산주의자들이 주장하는 것처럼 소리치느냐 하
면 그것은 공산주의자들이 제국주의자와 소수 매국적(賣國賊: 매국
노)들을 배척하고 대다수 군중의 이익을 옹호하는 까닭이다.

일본제국주의자가 이렇게 잔인하게 고금미유(古今未有: 지금까지 없
었던)의 야만식으로써 공산주의자들을 취급하는 것은 공산주의자들
을 조선민족해방의 절대 투쟁가로 여기는 까닭이 아닐까.

우리 강령에 열거된 모든 것이 어떤 것 하나가 다수 조선인민의
경향하고 기대하는바 아닐까. 이러한 요구를 위하여야 하는 투쟁이
조선 피압박군중을 영원히 해방시키는 진정한 투쟁이 아닐까.

일본제국주의자들은, '해독(害毒)'의 선동자를 격리시킨다고 공산
주의자에 대하여 결사의 싸움을 한다. 이것은 군중들로 하여금 군
중 자기의 해방을 위하여 투쟁케 하고 조직케 하는 공산주의자의
언론을 무서워하는 까닭이다.

동무들 조선공산당에서는 악독한 경찰의 박해에도 불고(不顧: 돌
아보지 아니함)하고, 침략자들의 엄중한 설비도 불고하고 제국주의
배척전선에서 퇴각하지 아니할 것이며 투쟁에 있어서 군중의 징집

을 간단(間斷: 잠시 끊어지거나 그침)하지 아니할 것이다.

어떠한 제국주의자의 위협이라도 조선공산주의자들은 음모가요 모험가라는 일본 통치자의 교묘한 허무(虛誣: 헛되고 속임)라도 저의들에게 아무 이익을 주지 못할 것이다. 조선공산당은 광대한 군중의 이익을 목표로 하며 노동자와 농민들을 조직시키고 또 전조선 혁명단체들과 함께 조선의 해방을 위하여 투쟁할 것이다. 제국주의의 배척에 대하여 절대적 투쟁강령을 가진 각 혁명단체들에게 향하여 우리들은 권고하기를 공동의 적에 대하여 공동히 투쟁하고 피압박군중의 이익을 공동히 옹호하자고, 또 조선공산당에서는 전조선 각 혁명단체들에게 향하여 제의하기를 공동의 적—일본제국주의자 및 그 주구(走狗)들에 대하여 공동으로 투쟁하기 위하여 제국주의 반항 유일 민족전선을 조직하자고.

일본제국주의를 박멸(撲滅)하자.

조선독립만세

인민공화국만세

전조선노동계급과 노력농민만세

조선공산당만세

1926년 7월

조선공산당 중앙집행위원회

* 이 글은 권오설권오상기념사업회(https://osos.or.kr)에서 가져왔다. 단, 한자는 모두 한글로 읽고, 괄호 안에는 한자와 어려운 단어의 해설을 달았다.

가일마을의 독립운동가들

　권오설 선생이 태어난 경북 안동군 풍서면(현 안동시 풍천면) 가곡리 가일마을은 안동 권씨 복야공파 집성촌으로, 문서 기록에 남은 항일운동가만 십여 명이나 되는 애국애족의 본향이다. 가일마을의 애국지사 중에는 사회주의 계열이 여럿이라 한때 '안동의 모스크바'라는 별명이 붙기도 하였다.

　다음 14명의 독립운동가가 기록상으로 확인되는데, 권오설을 포함한 5명이 독립유공자로 인정되었을 뿐 다른 독립운동가들은 아직 인정을 받지 못한 상태다.

• 권각(1923~1943)

조선문화학원 중등과에 재학 중이던 1940년 경성 사직공원에 '대한 독립 만세'라고 쓴 벽보를 붙였다가 체포되어 징역 1년형을 선고받고 옥고를 치렀다. 2012년 건국훈장 애족장이 추서되었다.

• 권영달(1901~1945)

경성고등상업학교에 재학 중이던 1926년에 6·10만세운동에 관련되어 일본 경찰에 쫓기자 자퇴하였다. 이후 예천군의 대창학교에서 교편을 잡게 되었는데, 이때 최현배를 비롯한 한글학자들과 교유하면서 한글 연구를 통한 민족운동을 전개했다. 1942년 조선어학회사건으로 일경의 감시를 피해 다니며 잠적하였다.

• 권영식(1894~1930)

대한광복회 단원으로 군자금 모금에 주력하던 중 1918년에 검거되어 공주형무소에서 수개월간 옥고를 치렀고, 1920년에 안동청년회와 조선노동공제회 안동지회 설립에 참여하는 등 사회주의운동을 전개하였다. 당시 가일마을의 제일 부자로 제일 큰 기와집에서 살았으며 하강공이라 불렸다.

• 권오상(1900~1928)

1924년 경성 중앙고등보통학교에 재학 중 신흥청년동맹에 가입하여 사회주의 청년운동에 참여하였다. 이후 1925년 연희전문학교에 입학, 그해 고려공산청년회 및 조선공산당에 입당하였다. 그 후 조선학생과학연구회 결성에 참여하여 집행위원으로 선출되어 본격적으로 사회주의운동을 시작하였다. 1926년 6·10만세운동 당시 태극기와 격문을 제작하는 등 주도 역할을 하였다가 체포되어 징역 1년형을 선고받고 수감되었다. 병보석으로 풀려났으나, 얼마 후 고문후유증으로 사망하였으며 2005년 건국훈장 애족장이 추서되었다.

• 권오윤(1904~1927)

경성 중앙고등보통학교에 재학 중이던 1926년 6·10만세운동에 참여하였다가 체포되었다. 이후 귀향하여 신간회 안동지회에 참여, 활동하던 중 고문후유증으로 사망하였다.

• 권오헌(1905~1950)

1928년 신간회 안동지회에서 활동하였고 이후 안동청년동맹 풍산지부 집행위원으로 활동하던 중 1929년 일제에 결사 항쟁할 것을 독려한 축문을 썼다고 하여 징역 8개월을 선고받았으나 집행유예로 풀려났다.

• 권재수(1882~?)

1920년 신흥무관학교 생도를 모집하다가 체포되었다.

• 권준표(1894~1953)

1919년 권오설이 세운 원흥의숙에서 교사로 있으면서 애국계몽운동을 전개하였고, 이후 1923년 풍산소작인회 집행위원으로 선출되는 등 소작운동을 전개하였다.

• 권준희(1849~1936)

대한광복회 고문으로 군자금 모금에 주력하던 중 1918년에 검거되어 공주형무소에서 옥고를 치르다가 고령으로 풀려났다. 2018년 대통령표창이 추서되었다.

• 권준흥(1881~1939)

대한광복회 단원으로 군자금 모금에 주력하던 중 1918년 검거되었다. 이후 1919년 족손 권오설이 세운 원흥의숙에서 교편을 잡았다.

• 권혁수(1926~1965)

안동농림학교에 재학 중이던 1944년 조선회복연구단을 조직, 안동 시내의 경찰서 및 헌병파견대 등을 습격한 후 의성군으로 진출하여 일본군과 교전할 것을 계획하였다. 그러나 이 계획이 드러나 1945년 일본 경찰에 체포되었다가, 해방된 후 풀려났다. 2006년 대통령표창이 추서되었다.

• 권오설(1897~1930)

하회마을 동화학교, 대구고등고보, 중앙고보 등에서 수학했으며 3·1만세운동에 참여하여 옥살이를 한 후 고향에 돌아와 원흥학술강습회를 세워 교장을 지내는 등 후학 양성에 힘쓰는 동시에 풍산소작인회를 조직해 회장으로 활약했다. 1924년에 상경해 4월에 결성된 조선노농총동맹의 상무집행위원으로 선출되었고 조선공산당과 고려공청 결성에 참여했다. 1925년 12월 조선공산당 1차 집행부가 구속된 후 고려공청 책임비서, 조선공산당 상무집행위원으로서 1926년 6월 10일의 만세시위를 준비하다가 체포되어 극심한 고문을 받은 끝에 1930년 4월 17일 서대문형무소에서 옥사했다. 2005년 건국훈장 독립장에 추서되었다.

• 권오직(1906~?)

권오설의 막내동생으로 1923년부터 항일운동에 나서서 신흥청
년동맹, 고려공산청년동맹에 가입해 활동했으며, 1925년 모스크바
동방노력자공산대학에 유학했다가 1929년 5월에 졸업한 후 모스크
바에서 잠시 노동자 생활을 하다가 귀국해 조선공산당과 고려공청
재건운동에 참여해 1931년에 체포되어 6년형을 선고받고 만기 출
옥 후 박헌영과 경성꼼그룹에 참여해 다시 구속되어 8년형을 받는
등 해방되기까지 총 11년의 옥살이를 했다. 해방 후 월북해 중국대
사로 부임했으나 1953년에 숙청되어 삭주의 농장으로 추방되었다.

• 안기성(1898~?)

3·1만세운동에 참가했으며, 화요회 회원으로 권오설과 함께 조
선노농총동맹 중앙집행위원으로 활동하다가 소련을 거쳐 중국 만
주에서 조선공산당 만주총국 동만구역국 책임비서로 활동했다. 만
주에서 체포되어 경성지법에서 징역 5년을 받고 수감 중 옥중만세
사건을 주도하여 보안법 위반으로 징역 6월이 추가되었다. 해방 후
민주주의민족전선 상임위원 등으로 활동하다가 월북해 조선인민유
격대 제7군단 정치위원 등을 역임하다가 1953년 8월 남한 출신 대
숙청 때 사라졌다.

권오설 평전

초판 1쇄 펴낸 날 2026. 4. 17.

지은이   안재성
발행인   양진호
책임편집 허정숙
디자인   김민정
발행처   도서출판 인문서원

등 록   2013년 5월 21일(제2014-000039호)
주 소   (07207) 서울시 영등포구 양평로21가길 19,
         우림라이온스밸리 B동 512호
전 화   (02) 338-5951~2
팩 스   (02) 338-5953
이메일   inmunbook@hanmail.net

ISBN   979-11-86542-82-8 (03990)